KB273634

생각해 봤어

별도의 표시가 없는 한 교육공동체 벗이 생산한 저작물은 크리에이티브 커먼즈 [저작자표시-비영리-변경금지 4.0 국제라이선스]에 따라 이용하실 수 있습니다.
http://creativecommons.org/licenses/by-nc-nd/4.0

생각해 봤어?
우리가 잃어버린 삶

ⓒ이계삼 외, 2014

2014년 8월 20일 처음 펴냄
2021년 6월 17일 초판 4쇄 찍음

글쓴이 | 이성희, 이문재, 이계삼, 엄기호, 성해영, 서정홍
기획·편집 | 이진주, 설원민, 김도연
출판자문위원 | 이상대, 박진환
본문 사진 | 김용욱(124p) 나눔문화(223p, 238p) 밀양송전탑반대대책위(233p, 254p)
디자인 | 박대성
제작 | 세종 PNP

펴낸이 | 김기언
펴낸곳 | 교육공동체 벗
이사장 | 최은숙
사무국 | 최승훈, 이진주, 이경은, 설원민, 김기언, 공현
출판등록 | 제2011-000022호(2011년 1월 14일)
주소 | 서울시 마포구 성미산로1길 30 2층
전화 | 02-332-0712
전송 | 0505-115-0712
홈페이지 | communebut.com
카페 | cafe.daum.net/communebut

ISBN 978-89-6880-012-2 03300

생각해 봤어?

이성희 | 이문재 | 이계삼 | 엄기호 | 성해영 | 서정홍

우리가 잃어버린 삶

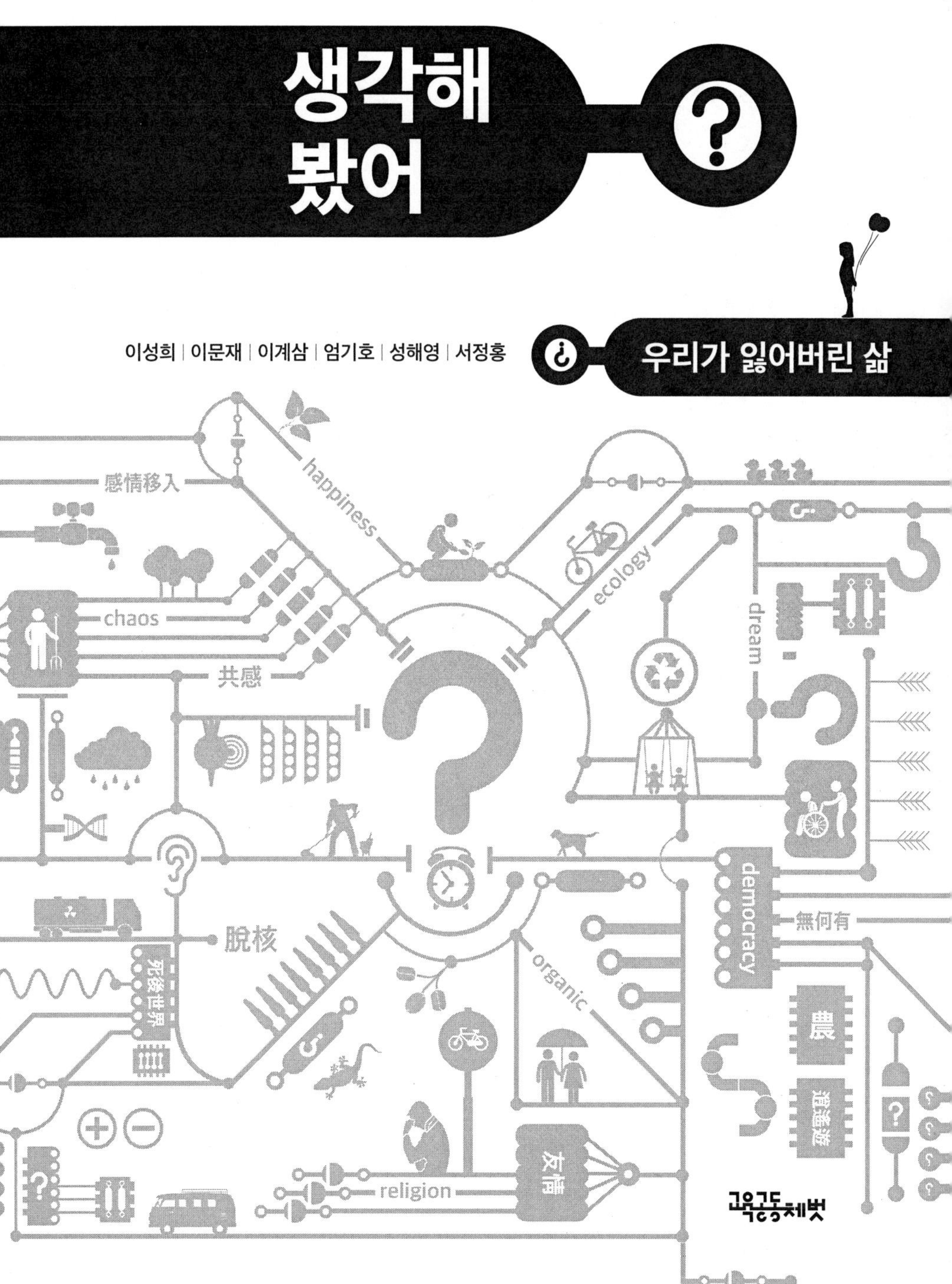

인문학, 인간을 인간답게 꾸며 주는 무늬

요즈음, 인문학에 대한 관심이 예사롭지 않습니다. 대학 안에서는 '인문학의 위기'라는 비명 소리가 높아 가는데, 대학 밖에서의 인문학은 전례 없는 성황을 구가하고 있습니다. 물질문명과 생존 경쟁이 판을 치는 시대에 인간을 인간답게 곧추세우는 일만큼 절박한 과제란 있을 수 없고, 그래서 많은 사람들이 인문학으로부터 그에 대한 해답의 실마리를 찾아보려는 것으로 보입니다.

사람에 따라 인문학에 대한 정의는 다양할 수 있지만, 그 출발은 아마도 인간다움을 성찰하는 학문이라는 데서 찾아야 할 것입니다. 인문人文이란 한자어는, 본디 인간을 인간답게 꾸며 주는 것이라는 뜻을 담고 있습니다. 문文이라는 한자의 어원은 '무늬'입니다. 그렇다면 인문이란, '인간의 무늬'란 뜻일 겁니다. 그게 뭘까요? 인간을 인간답게 만들어 주는 것은, 돈과 명예가 결코 아닐 것입니다. 삼봉三峰 정도전은 하늘을 아름답게 수놓아 주는 것은 해와 달과 별이고, 척박한 대지를 사람이 살아갈 수 있는 터전으로 만들어 주는 것은 산천과 초목이듯, 인간을 인간답게 만들어 주는 것은 시와 문, 그리고 예절과 음악이라고 했습니다. 도은陶隱 이숭인의 문집인 《도은집》 서문에 나오는 말입니다. 하늘과 땅과 인간을 하나로 연결 지어 사고하는 태도와 인간이란 존재에 대한 경외는 오늘 우리들에게도 음미해야 할 함의가 큰 것이라 여겨집니다.

인문고전의 정신을 오늘-여기에 맞게 되살리려는 부산대 점필재 연구소에서는 지난 2009년부터 '청소년인문고전독서교실'을 진행해 왔습니다. 교육공동체 벗에서 발간하는 〈청소년 인문 교실〉 시리즈는 그 과정에서 거둔 값진 성찰을 개진한 중간 보고서입니다.

강연자들은 입시 위주로 치닫는 교육 현실을 어떤 식으로든 넘어서고자 하는 학생과 교사들에게 단비처럼 목마른 갈증을 덜어 주었고, 캄캄한 밤하늘의 빛나는 별자리처럼 가야 할 길을 안내해 주었습니다. 척박한 지방의 작은 도시 밀양까지 내려와 강연을 해 주고, 정연한 글로 다듬어 주는 수고를 아끼지 않은 강연자 선생님들께 깊이 감사드립니다.

독서교실을 진행하면서 참으로 잊을 수 없는 장면은 치열한 삶을 살아가는 인생 선배들의 강연을 들으면서 또 다른 삶의 방식에 대한 호기심과 경외심으로 반짝이던 청소년들의 눈빛입니다. 강의가 끝난 후 모둠별로 이루어지는 토론의 장도 또한 정말 뜨거웠습니다. 이런 강의와 토론의 장에는 밀양을 비롯한 부산·경남 지역의 중·고등학생뿐만 아니라 그 학생들을 인솔하는 교사들도 함께했습니다. 학교 교실에서는 가르치는 교사와 배우는 학생으로 구분되겠지만, 적어도 그 자리에서만큼은 함께 배우고 함께 고민하는 동학同學으로 같이하고자 했기 때문입니다. 가르치고 배우는 자가 구분되지 않는 자리, 이것이 바로 인문학을 소중하게 생각하면서 우리가 꿈꾸고 있는 궁극의 지점입니다. 인문학이 몇몇 연구자들만의 지적 유희로 떨어지지 않고 대중과의 드넓은 소통으로부터 갱신의 동력을 얻기 위해서라도 이런 활동은 절실했습니다. 가르치고 배우는 것과 함께 연구하고 가르치는 것도 본디 하나였던 것입니다.

다만 안타까운 것은, 자신과 세상을 반짝이는 눈빛으로 주시하던 고등학교 시절의 그들이 막상 대학에 진학하고서는 점차 무기력에 빠져들고 만다는 고백을 듣는 일입니다. 대학 진학이라는 실낱같은 희망으로 입시 지옥의 시간을 버텨 왔건만, 정작 대학은 그들의 고민과 희망을 함께 나눠 가질 준비가 전혀 되어 있지 않았던 것입니다. 선배든 동료든 발등에 불이 떨어진 취업에만 관심을 둘 뿐 삶의 진정을 함께 고민할 기회를 갖기란 거의 불가능합니다. 하지만 자신이 자기 삶의 주인이 되는 길을 찾아가 보려는 인문학적 고민은 결코 젊은 시절 한때의 호사가 아닙니다. 뿐만 아니라 독서교실과 같은 단발적인 강연과 토론만으로 해결할 수도 없습니다. 오히려 하루하루 살아가는 삶의 일상에서 끊임없이 되물어야 하는 평생의 화두와 같은 것입니다. 이것이 지난 우리의 고민과 분투를 책으로 엮어 내는 까닭입니다. 이것들이 보다 많은 사람들에게, 보다 오래도록 간직되는 계기가 되길 바랍니다.

끝으로 여기까지 오는 길을 함께하고 있는 부산·경남의 여러 선생님들과 학생들에게 깊이 감사드립니다. 아마도 우리 모두에겐 독서교실에서의 열띤 시간이 삶의 여정에서 가장 빛나는 순간으로 기억될 것입니다. 뒷날, 보다 뜻깊은 자리에서 함께할 수 있기를 간절히 기대합니다.

2012년 10월
청소년인문고전독서교실을 가꿔 온 모든 분들을 대신하여
정출헌 삼가 쓰다

'하면 된다.'

우리의 부모 세대들이 진리라고 믿는 명제입니다. 한때 '산업 역군'으로 추켜세워지던 그들은 이 말을 금과옥조金科玉條처럼 믿고 자신을 채찍질해 가며 효율과 편익이 지배하는 이 무한 경쟁 사회를 구축했습니다. 경쟁은 아래로 아래로 확장되고 심화되어 이제 청소년에게마저 오늘이 아닌 내일을 살 것을 강요합니다. 하지만 그때와 달리 우리의 미래는 아무것도 약속해 주지 않습니다. 막연한 기대 속에서 오늘의 행복을 희생당하는 우리는 오늘도 묻습니다.

'하면…… 될까?'

대학 또는 돈이라는 하나의 목적만을 바라보며 달리도록 요구받는 삶 속에서 무언가 잘못된 것 같다는 의심이 들지만, 의심만 할 뿐 깊이 들여다볼 기회는 좀처럼 가질 수 없는 우리에게, 이 책의 저자들은 우리가 잃어버린 삶의 형상을 눈앞에서 복원해 보입니다.

사회학자 엄기호는 기대 속에서 현재를 유예하고 효율을 추구하는 삶을 살며 누구도 행복할 수 없다고 말합니다. 기대를 하면 할수록 자신을 착취하고 억압하면서 살아야 하기 때문입니다. 그래서 그는 효율을 추구하는 대신 탕진하는 삶, 기대하는 삶 대신 희망을 기다리는 삶을 제안합니다. 공통의 운명을 자각하는 동료와 함께 언제 올지 모르는 희망을 기다리며 고통의 시대와 단절하라는 것입니다.

종교학자 성해영은, 종교가 비판받는 이유들을 인정하면서도 종교만이 줄 수 있는 가치들이 여전히 존재함을 역설합니다. 종교는 삶과 죽음의 궁극적 의미를 제시하고 우리가 더 큰 차원에서 하나라는 사실을 이해시키며 구체적인 실천으로 인간이 가야 할 길을 보여 줍니다. 때문에 그는 종교의 부작용을 극복하기 위해 종교를 버리는 오류를 범하지 않도록 종교의 본래 목적이 기쁨과 희망임을 잊지 말아야 한다고 강조합니다.

시인 이문재는 모두가 자존감을 잃어버린 시대, 온전한 감수성을 되찾을 방법을 모색합니다. 나와 타인의 관계를 재발견할 수 있는 세 편의 시를 함께 읽어 보기도 하고요. 그는 자기 삶의 가치를 깨닫는 진정한 주체가 되면 '남을 위한 글쓰기'의 저자로 거듭날 수 있으며, 그때야말로 누군가에게 선물이 되는 삶을 살 수 있다고 말합니다.

농부 서정홍은 우리 가슴에 농부의 씨앗을 뿌립니다. 자기 삶의 주인으로 사는 데 농부만큼 좋은 직업이 없다면서요. 유전자 변형, 항생제와 방부제로 범벅이 된 먹거리가 판치는 세상에서 인간과 자연을 해치지 않는 먹거리를 생산하기 위해 농약뿐 아니라 비닐조차 사용하지 않고 전통 농법을 고집하는 그의 삶은 '밥 한 숟가락'의 무게와 의미를 되새기게 합니다.

철학자 이성희는 노자老子와 장자莊子의 사상을, 인류의 생존을 위협하는 환경문제에 대한 해답을 제시하는 가장 오래된, 그러나 가장 새로운 전망을 담고 있는 사상으로 복원합니다. 그는 노장사상老莊思想에서 생명을 소유하거나 지배하는 대신 서로 기르고 살리는 여성성의 삶의 양식과 생명과 감응하고 그 아름다움을 향유할 줄 아는 생명 감수성을 회복하는 지혜를 찾아 나눕니다.

전직 교사이자 '밀양 송전탑 반대 투쟁'의 산증인 이계삼은 한전과 국가 권력이 밀양 주민들에게 가한 폭력을 증언합니다. 밀양의 할매들은 보상도 필요 없고 아무것도 필요 없으니 "제발 요대로만 살게 해 달라"고 애원합니다. 조상님들을 뵐 면목이 없다면서 말이죠. 현대인들은 이해하기 어려운 사고방식입니다. 하지만 그분들이야말로 터한 고

향, 지켜야 할 고향에서 뿌리내리고 한평생 살아온, '산 사람'들이 아닐
까요?

　희망과 동료, 욕망으로부터 의연한 용기와 지혜, 자존감, 상상력, 자
유, 농적農的 삶, 생명 감수성, 뿌리내릴 고향…….

　우리가 잃었던 것이 무엇인지 비로소 보이기 시작합니다. 고루하고
쓸모없어 보여 풍요, 그리고 편리와 쉽게 맞바꾼 것들 말입니다. 그들
의 이야기를 들으며 생각해 봅니다. 이것들은 정녕 버려도 좋을 무가
치한 것들이었을까? 혹 지금 내가 버린, 혹은 버리기를 강요받아 온 이
것들이 결국 내가 좋은 대학과 성공적 취업을 지나 궁극적으로 살고
자 했던 삶은 아니었을까?

2014년 8월
교육공동체 벗 편집부

해도 안 되는 시대, 벗이 필요한 이유

엄기호 덕성여대 문화인류학 강사

1971년에 태어나 울산 귀퉁이에 있는 시골에서 쭉 자랐습니다. 2000년부터 국제연대운동을 하면서 낯선 것을 만나 배우는 것과 사람을 평등하게 둘러앉게 하는 '모름'의 중요성을 배웠습니다. 답을 제시하는 것이 자신의 재주가 아니라 묻고 또 묻는 것이 이번 생의 이유라고 여깁니다. 삶이 인과적으로 구성되어 분석될 수 있다기보다는 삶이란 우연이며 글과 말은 그 아이러니를 드러내는 것이라 생각합니다. 그리 멀지 않은 미래에 지구 어느 한쪽 귀퉁이에서 게스트하우스를 운영하며 사는 꿈이 이루어지기를 바라고 있습니다. 현재는 학생뿐 아니라 두루두루 사람들을 만나 이야기를 나누고 배우는 일을 주업으로 하고 있습니다.

펴낸 책으로는 《닥쳐라, 세계화!》, 《아무도 남을 돌보지 마라》, 《이것은 왜 청춘이 아니란 말인가》, 《우리가 잘못 산 게 아니었어》, 《교사도 학교가 두렵다》, 《단속사회》 등이 있습니다.

* 이 글은 《우리가 잘못 산 게 아니었어》가 출판된 직후 그 내용을 청소년들에게 들려준 강의입니다. 따라서 사례와 내용이 동일한 부분이 있습니다. 또한 이 강의에서 소개한 몇몇 개념과 사례는 최근 저작인 《단속사회》에서 좀 더 발전시켰습니다. 게재를 허락해 준 웅진과 창비에 감사드립니다.

반갑습니다. 저는 엄기호라고 합니다. 오늘은 벗이라는 주제로 여러분과 이야기를 나눠 보려고 해요.

여러분이 평소에 제일 많이 듣는 말이 뭔가요? 공부해라? 연애하고 싶다고 하면 어른들이 그러죠. "그래, 네 나이 때 연애하고 싶겠지. 하지만 대학 가고 난 다음에 해라." 돈 벌고 싶다고 하면 "그래, 돈 벌고 싶겠지. 하지만 대학 가고 난 다음에 벌어라" 하시고요. 아마 여행 가고 싶다고 해도 그럴 거예요. 무슨 말만 하면 다 대학 가고 나서 하라고 해요. 대학 가면 다 할 수 있다고요.

부모님이 이야기하는 대학, 여러분들이 머릿속에서 그리는 '대학생'은 어떤 모습이에요? 대부분 TV에 나오는 모습을 상상할 거예요. TV는 대학생들을 원하는 걸 다 할 수 있을 만큼 자유롭고 열정적인 사람들로 그리잖아요. 그런데 실제로 여러분이 직접 만나는 대학생들 중에는 '한심한' 사람들이 훨씬 많지 않아요? 여러분도 대학에 가면 한심한 사람이 될 가능성이 훨씬 더 커요. (웃음) TV에 나오는 대학 생활은 없거든요. TV를 보면 대학생들이 사는 하숙집도 되게 좋잖아요. 그런데 현실은 달라요. 제가 처음 서울에 와서 살았던 하숙집 방은 햇빛이 안 들어오는 곳이었어요. 방이 워낙 작아서 잘 때는 의자를 책상 위에 올려놓고 자야 하는, 관 비슷한 데였거든요. 그런데도 월세가 20만 원이 넘었어요. 지금은 한 달 하숙비가 40~50만 원 정도 한다고 하더라고요.

상황이 이렇다 보니 여러분이 상상한 것과 달리 대학에 가서 할 수 있는 게 별로 없어요. 낭만적인 대학 생활을 꿈꾸고 입학했다가도 보통 1학년 1학기에 '깨몽' 해요. 꿈 깬다고요. 그리곤 '내가 이러고 있으면 안 되겠구나' 생각하고 다들 슬금슬금 책가방을 싸서 도서관으로 들어가죠. 저는 도서관 책상에 새겨진 글귀 중에 가장 가슴 아팠던 게, "나는 오늘 도서관에 온다. 왜냐하면 내일 도서관에 오지 않기 위해서다"라는 말이었어요. 도서관이 즐겁게 공부하는 공간이 아니에요. 토플, 토익을 공부해야 하고, 자기소개서라는 이상한 소설을 써야하는 공간이죠. 요즘 대학생들은 여러분들이 대학에 들어가기 위해 경쟁하는 것만큼이나 눈코 뜰 새 없이 살아요. 왜 그런지 말 안 해도 다 아실 거예요. 그렇게 해도 취업이 안 되니까요. 이렇게 도서관을 떠나기 위해 도서관에 옵니다. 그러니까 도서관에 남아 있는 사람들은 불쌍한 사람이 되는 거죠.

여러분은 대학 가서 뭘 하고 싶어요?

"연애, 동아리, 공부, 술……"

대학생들한테 물었을 때도 답이 비슷했어요. 제 수업을 듣는 학생들에게 고등학생 때 대학 가면 제일 하고 싶었던 것이 뭐였냐고 물어봤는데, 첫 번째가 연애더라고요. 대학 가면 다 할 수 있다고 들어서 연애도 할 수 있을 줄 알았다고 착각하는 친구들이 많았어요. (웃음) 두 번째가 여행이에요. 근데 여행도 돈이 있어야 하죠. 세 번째로 하고 싶은 게 땡땡이였어요. 대학생들이 수업을 재끼고 잔디밭에 앉아서 술을 마시는 모습이 그렇게 좋아 보였대요. 물론 대학 가면 땡땡이 칠 자유는 있어요. 대신 학점은 안 나와요. (웃음)

저는 제가 하는 수업에서 처음 몇 주는 출석을 안 부르는데 그렇게 하면 학생들이 화를 내요. 자기는 출석을 했으니까 출석 안 한 친구들에게 페널티를 줘야 한다는 거죠. 그만큼 분위기가 살벌해요. 제가 농담처럼 하는 말이지만, 여러분들이 대학 가서 누릴 자유는 하나밖에 없어요. 술 먹고 담배 피워서 몸 망가뜨릴 자유. 희한한 건 대학만 딱 가고 나면 고등학교 때까지는 절대 하지 말라고 했던 술, 담배에 대해 아무도 제지하지 않는다는 거예요. 그것 말고 다른 자유는 허용되지 않아요.

강의 시작부터 대학에 가 봤자 아무것도 없다고 이렇게 강하게 말씀드리는 이유는, 오늘 '기대'와 '희망'의 차이를 설명하기 위해서예요. 우리는 일상생활에서 기대와 희망이라는 말을 구분하지 않고 비슷한 의미로 사용하고 있어요. 하지만 이 둘은 실제 생활 속에서 굉장히 다른 말이에요. 우리가 희망이라고 생각해 왔던 거의 대부분의 것들이 기대에 불과한 것이에요. 세상을 살아가면서 상처받고 실망하고 절망하는 이유는 삶에 희망이 없어서가 아니라 잘못된 기대, 아니면 과도한 기대 때문인 경우가 많아요. 기대를 중심으로 내 삶을 바라보기 때문에 우리 삶이라는 게 열심히 살면 살수록 비참해지거나 절망스러워지는 거예요. 우리는 지금 희망을 죽이고 기대만 가지고 살아가고 있거든요.

우선 이 기대와 희망의 차이를 설명하기에 앞서 '나'라고 하는 건 뭔가, 왜 우리한테 '나'라는 게 이렇게 중요해졌는가를 이야기하고, 그러면서 벗의 필요성을 말씀드리려고 해요. 결론적으로 '우리는 어떻게 기대가 아닌 희망을 가지고 세상을 살아갈 수 있을까'가 우리에게 가장 중요한 질문이자 화두가 될 거라 생각합니다.

• 꿈의 발견은 삶의 종착지

인간은 항상 '나'를 알고 싶어 해요. 우리가 되게 중요하게 생각하는 게 '나'를 알고 그것을 실현하는 것, 흔히 말하는 자아실현이잖아요. 자아실현을 위해서 우리는 내가 하고 싶은 것, 내가 잘할 수 있는 것, 내가 해야 하는 것 사이에서 협상을 해요. 인생을 가장 행복하고 훌륭하게 산 사람은 이 세 가지가 합치된 사람이겠죠. 근데 그런 경우는 드물어요. 그러니 고민을 해서 이 사이 어디쯤에 살게 되는 것이지요. 이 지점을 찾는 것도 사실 굉장히 어려워요. 이걸 찾으려면 자기가 하고 싶은 것이 무엇인지를 찾고 그걸 내가 잘할 수 있는지, 내게 주어진 사회적 조건에서 무엇을 해야 하는지 잘 알아야 하거든요.

여러분에게 두 가지 길이 주어져 있어요. 하루에 라면 세 끼만 먹는다 하더라도, 그러니까 좀 궁핍하게 산다 하더라도 내가 하고 싶은 일을 하면서 사는 길과 하고 싶은 건 취미생활로 조금밖에 못 하더라도 '철밥그릇'을 안고 안정적으로 사는 길. 이 두 가지 삶의 조건 중에 무얼 선택하시겠어요? 자, 라면파 손들어 봅시다. 이번에는 철밥그릇파. 딱 반반 정도네요. 똑같은 질문을 15년 전에 대학생들한테 했었어요. 제가 처음 학교에서 강의를 시작할 때였는데, 어느 쪽이 더 많았을 거 같아요?

"라면파."

맞아요. 왜 라면파가 점점 줄어들고 철밥그릇파가 대세가 됐을까요?

"먹고살기가 힘들어서, 라면이 몸에 안 좋아서!"

아주 중요한 지적을 했어요. 15년 전에는 라면이 그렇게 안 좋을 거라고는 생각 안 했거든요. 그동안 참 많은 게 밝혀졌어요. (웃음) 여러분이 생각한 것처럼 먹고살기가 힘들어지니까, 좋아하는 걸 하면서 불안하게 사는 것보다 좋아하는 일을 못 하더라도 안정적으로 사는 게 좋다고 생각하는 철밥그릇파가 많이 늘게 된 거죠.

우리는 처음에 라면 세 끼만 먹어도 하고 싶은 일을 하는 게 좋다고 얘기했어요. 근데 생각해 봅시다. 여러분은 하고 싶은 걸 발견했어요? 보통 학교에 가서 학생들한테 이 질문을 하면 80% 정도는 자기가 뭘 하고 싶은지 모른다고 말해요. 제가 아는 한 친구가 대표적이에요. 그는 인생을 되게 행복하게 사는 친구예요. 공부에 별로 신경을 안 쓴다는 얘기죠. (웃음) 그 친구가 어느 날 친구를 만나러 나가려고 하고 있었어요. 그걸 본 부모가 그 친구에게 "나는 네가 꼭 좋은 대학에 가지 않아도 상관없다. 자기가 하고 싶은 거 하면서 살면 그게 행복이라고 생각한다. 네가 하고 싶은 걸 발견했으면 좋겠다"라고 얘기했대요. 그랬더니 그 친구가 나가다가 딱 돌아서서 그랬대요. "내가 뭘 하고 싶은지 알면 그걸 준비하지 놀러 가겠어? 그걸 모르니까 놀러 나가는 거야." 되게 멋지죠? 그 말을 듣고 부모가 저한테 전화를 걸어서 자기가 어떻게 해야 하냐고 묻더라고요. 저는 "걱정할 필요 없다. 자기 상태를 잘 알고 있다는 거니까 지금은 하고 싶은 대로 하게 내버려 두라"라고 말했어요.

내가 하고 싶은 걸 발견하는 건 굉장히 어려운 일이에요. 많은 경우, 자기가 뭘 하고 싶은지 아는 것을 출발점이라고 생각하잖아요. 그걸 알아야 준비도 할 수 있고 성취할 수도 있다고 생각해요. 근데 사실

이건, 우리가 겪는 괴로움의 근원이에요. 내가 하고 싶은 것을 아는 건 인생의 출발점이 아니에요. 종착점이죠. 죽을 때가 되어서 '아, 내가 정말 하고 싶은 일이 이것이었구나'를 깨닫기만 해도 그는 행복한 사람이에요.

그런데 우린 지금 그것을 출발점이라 생각하는 거죠. 그러니 꿈이 아직 없는 친구들, 발견하지 못한 친구들은 괴로울 수밖에 없어요. 내가 모자란 사람 같고, 주변 사람들이 나를 한심하게 생각하는 거 같죠. 남들은 다 꿈을 가지고 있는데 자기만 뒤처진 것 같으니까요. 그래서 늘 초조하고 불안해하게 됩니다.

자신이 하고 싶은 것을 발견한 사람도 괴롭긴 매한가지예요. 찾았다고 말은 했지만 이게 언제 바뀔지 모르거든요. 여러분도 초등학생 때부터 지금까지 장래희망 리스트를 한번 적어 보세요. 초등학생 때는 대통령, 그다음엔 과학자, 선생님……. 꿈이 점점 쪼그라들기도 하고 아무 연관 없는 분야로 점핑을 하기도 해요. 그만큼 하고 싶은 걸 발견하는 건 어려운 일이에요. 그런데 꿈을 출발점이라고 여기면, 꿈이 바뀔 때마다 내가 인생을 낭비한 것 같아 보여요. 출발점을 제대로 설정하지 못해서 낭비하는 것처럼 보이거든요. 그러니까 자신이 원하는 것을 찾아 가는 과정이 행복하지 않고 괴로울 수밖에 없는 거예요.

다시 강조하지만 꿈의 발견은 출발점이 아니라 목적지예요. 호주에서 호스피스들이 죽어가는 사람들에게 무엇을 가장 후회하느냐고 물었어요. 그랬더니 많은 사람들이 '내가 하고 싶은 일을 하지 못한 것'

이라고 답했대요. 그런데 그분들한테 막상 "지금부터 하고 싶은 걸 하세요" 그러면 상당수는 당황할 가능성이 높아요. 지금 내가 하는 일이 내가 하고 싶은 일이 아닌 건 아는데 하고 싶은 일은 여전히 모르는 경우가 많은 거죠.

· 불화하고 사유하라

이렇게 자신이 하고 싶은 것을 아는 것, 즉 '나'를 아는 것이 출발이 아니라 목적이라고 한다면 목적으로서의 '나'는 어떻게 만들어지나요? 나는 남이 아니기 때문에 내가 되는 거잖아요. 그래서 남과 비교하면서 나를 찾죠.

이런 질문을 해 보죠. 여기 이 자리에 200여 명 정도가 있는데 이 중에 나와 이름이 같은 사람이 스무 명이에요. 그럼 기분이 어떨 것 같아요? 대학에는 몇백 명이 같이 듣는 대형 강의가 많거든요. 그럼 그중에 나와 같은 이름을 가진 사람이 여럿 생기기도 해요. 예를 들어 엄기호가 다섯 명 있으면 출석부에는 엄기호a, 엄기호b, 엄기호c……이렇게 표시가 되거든요. 그럴 때, 이 수업을 꼭 들어야 하는 경우가 아니면 수강을 철회하기도 해요. 나만의 독자성이 사라진다고 생각하니까 기분이 나쁜 거죠. 내가 남이랑 구분이 안 되는 거예요. 누군가 '너는 누구냐'고 물었을 때, 경상도에서 태어났고 남자고 마흔이 넘었고

대학에서 강의를 하고, 이런 모든 성질을 다 빼더라도 남는, 나만의 어떤 고유한 것을 '나'라고 얘기하잖아요. 그 '나'가 사라지는 느낌이 드는 거죠. 우리는 '남과 구분되는 나'를 되게 중요시해요.

근데 상상해 보세요. 내가 500년 전 밀양 고을에 노비로 태어났어요. 그때는 삼월이, 시월이 이런 이름이 되게 많았을 거예요. 밀양 고을에 노비 단합대회가 열리면 200명 중에 50명은 삼월이고 시월이가 20명 정도 있었겠죠. 그럴 때 삼월이도 기분이 나빴을까요? 삼월이는 이렇게 느꼈을 가능성이 커요. '앗싸! 역시 삼월이가 대세야. 우리 삼월이들이 똘똘 뭉쳐서 시월이 년들을 다구리 놓자.' 조선시대 삼월이에게는 '나'라는 자기 고유성보다 삼월이라는 이름을 가진 세력으로서 자기 힘을 보여 주는 게 훨씬 중요했거든요. 그러니까 그 삼월이는 자기가 진짜 삼월이라고 다른 삼월이와 다툴 이유가 없었어요. 오히려 삼월이들끼리 잘 화합하는 게 더 중요했겠죠.

근데 지금 우리가 사는 세상은 '나'라는 독특성을 되게 중요하게 여깁니다. 우리가 살아가는 시대를 흔히 '근대'라고 하잖아요. 사회학이란 학문에서는 근대화를 개인화의 과정이라고 말해요. 과거에는 귀족이나 철학자들처럼 아주 일부의 사람들만이 다른 사람과 구분되는 '개인'이 될 수 있었는데 이제는 모든 사람들이 다 '개인'이 되어야 하는 시대가 된 것이죠. 개인이 된다는 것은 남에게 의존하지 않고 자기 인생을 자기가 독자적으로 설계하고 책임져 나간다는 뜻이에요. 여기에서 핵심적인 것은 국가나 교회가 가르치는 대로 믿고 생각하는 것이 아니라 독자적으로 생각해야 한다는 것입니다.

이런 개인이 출현하게 된 데에는 여러 가지 원인이 있겠지만 인쇄술이 발달하면서 사람들이 다양한 책을 읽을 수 있게 되었다는 것과 사람들의 생각을 지배하던 교회의 권력이 약화된 것, 그리고 무엇보다 신분제도가 해체되면서 모든 사람들이 '자유'로워졌다는 것이 중요한 영향을 끼쳤어요. 노예나 농노처럼 누군가에게 매인 사람은 독자적으로 생각을 할 수가 없잖아요. 설령 자기 생각이 있더라도 시키는 대로 해야죠. 그런데 신분제가 해체되면서 이제 각자가 알아서 생각하고 판단하고 행동하는 것이 '기본'이 되었어요. 남과 다른 자기만의 독자적인 세계관과 인생관을 가지는 것이 개인에게는 매우 중요한 과제가 된 겁니다.

철학에서는 이 '남'을 타자라고 불러요. 남들이 모여 있는 동네를 '세계'라고 부르고요. 근데 이 세계가 나를 끊임없이 위협해요. 나만의 생각을 가지고 내가 좋아하는 걸 해야 하는데 세계가 끊임없이 나에게 '이게 좋은 거야', '이게 훌륭한 거야', '이렇게 살아야 해'라고 압박하는 거예요. 여러분이 엄마한테 "엄마, 나는 연예인이 되고 싶어요"라고 말하면 엄마가 그러잖아요. "미친년, 지랄하고 있네. 그래서 밥이나 먹고 살 수 있겠냐? 공부나 해." 엄마도 아빠도 '세계', '남'인 거예요. 그 사람들이 시키는 대로 살았을 때 이건 나만의 삶이 아닌 거죠.

그렇기 때문에 내가 '나'가 되기 위해 가장 필요한 게 바로 이 세계와 불화하는 거예요. 싸우는 거예요. 불화하지 않고, 의심하지 않고,

이 세계가 나를 끊임없이 위협해요. 나만의 생각을 가지고 내가 좋아하는 걸 해야 하는데
세계가 끊임없이 나에게 '이게 좋은 거야', '이게 훌륭한 거야', '이렇게 살아야 해'라고
압박하는 거예요.

대들지 않으면 '나'라는 건 안 만들어져요. 부모님 말씀을 너무 잘 듣는 애는 좀 재수 없지 않아요? 교사 말 잘 듣는 애들 보면 우리는 속으로 '쟤 뭐야?' 그러잖아요.

재밌는 얘기를 하나 해 볼게요. 학교에서 무단결석하는 학생이랑 땡땡이치는 학생이 있어요. 둘 중에 누가 더 '있어' 보여요? 땡땡이치는 쪽 아니에요? 무단결석은 선생님이 안 보는 데서 하는 건데 땡땡이는 보는 데서 하는 거잖아요. 걸리면 맞을 각오로 교사와 학교의 권위를 눈앞에서 무시하는 거거든요. 그래서 굉장히 용감한 행위로 비칠 가능성이 커요. 그런 것처럼 불화한다는 건 감히 맞선다는 뜻이 있는 거예요.

이렇게 세계에 감히 맞서기 위해 사람에게 필요한 것이 '내면'이라는 공간입니다. 엄마가 시키는 대로 하는 게 아니라 "내가 그걸 도대체 왜 해? 엄마 말이 틀린 거 같은데"라고 얘기하면서 불화하면 그 다음에는 엄마가 "네 생각이 뭐냐"라고 묻겠죠. 그럼 내 생각을 얘기해야 한단 말이에요. 그래서 불화할 때 우리는 사유 또는 성찰이라는 걸 하게 되고, 그때 사유하기 위해 혼자 조용히 물러나 있는 공간을 '내면'이라고 불러요. 사유, 성찰한다는 건 내 내면의 세계로 물러나는 거예요. 다른 사람의 간섭을 받지 않고 나 혼자 있으면서 내가 나하고 대화 나누는 거죠.

여러분도 마음속에 내가 하나가 아니라 둘이라는 걸 느낄 때가 있지 않아요? 예를 들어 어떤 훌륭한 일을 했을 때 그 훌륭한 일을 한 내가 있고 그런 나를 바라보며 "짜식, 잘했어" 하고 흐뭇해하는 또 다른 내가 있잖아요. 사실 우리한테는 두 개의 내가 존재해요. 인간 존재의 근원이에요. 그래서 한나 아렌트는, 인간 존재는 복수로 존재한다고 말해요. 이 내면의 세계로 들어갔을 때 내가 나를 만나는 것을 복수성이라고 합니다. 내가 둘이기 때문에 인간은 절대 고독할 수 없는 존재예요. 혼자 있을 때조차도 고독할 수 없죠. 이 복수성이 깨져 버렸을 때 사람은 자살을 하게 돼요. 인간이 정말 외로워졌다는 건 둘이어야 할 '나' 중에 하나가 죽어 버렸다는 의미거든요. 세계가 파괴되었기 때문에 인간은 자살할 수밖에 없어요. 혼자 있으면서도 기쁠 수 있는 존재, 충만한 존재는 신이에요. 완전히 혼자 존재하는 것은 인간에게 허용되지 않은 겁니다. 그러니까 너무 '고독'하려고 하지 말아요. (웃음)

이렇게 내가 나를 만나면서 순수하게 나와 대화하는 공간을 내면이라고 하고 내가 나를 만나 대화를 나누는 것을 사유라고 얘기해요. 사유도 혼자 골똘히 생각하는 게 아니라 대화의 형식을 띠게 돼 있어요. 내가 나랑 대화하는 것이니까 사유도 대화인 거죠.

세상과 불화하면서 내가 나에 대해 사유했을 때 비로소 진정한 나를 찾게 돼요. 나만의 독자성이라고 말한 게 이 진정성이에요. 다른 사람이 아닌 진짜 나. 삼월이한테는 없는 거죠. 불화하고 사유했을 때만이 만들어지는 거예요. 청소년기에 쓴 소설이나 시를 보면 진정성, 진실에 대한 유치하기 짝이 없는 표현들이 많이 나오잖아요. 이때 나 자신에 대해 가장 많이 고민하기 때문이에요.

이 진정한 나를 가지고 비로소 우리가 다시 세계로 돌아가요. 이걸 '참여'라고 부릅니다. 그 이전에 부모님이 시키는 대로 따라 하는 건 참여라고 부르지 않아요. 그건 그냥 로봇이에요. 따라 하든 어기든 그 안에 진정한 내가 있을 때 참여라고 부르게 되는 겁니다. 이게 바로 우리가 말하는 '나'가 만들어지는 과정이에요. 이 과정이 없으면 '나'는 안 만들어져요.

• 기대하는 삶, 낭비 없는 삶을 낳다

이런 진정성을 가지고 우리가 자신의 삶을 생각하는 거죠. 내 삶을 내 삶으로 만들기 위해 노력하는 거예요. 이걸 '기획한다'고 표현해요. 내 생애도 하나의 역사로서 기획한다고 해서 '생애사적 기획'이라고 불러요. 끊임없이 내 미래를 그려 보고 거기에 맞춰서 준비하는 거죠. 《빨강머리 앤》이나 《완득이》처럼 내 삶이 잘 짜여진 하나의 이야기가 되기를 바라고 그 이야기의 주인공이 '나'이기를 바라는 겁니다. 《완득이》라는 소설 봤어요? 《완득이》도 하나의 이야기잖아요. 이게 이런 과정을 통해 만들어지는 거거든요. 우리가 진짜 바라는 게 그거예요. 내 삶이 하나의 이야기가 되고 그 안에서 내가 로봇이 아니라 삶의 주인공이 되어 가는 삶. 이게 인간이 가진 가장 큰 목표로서의 '나'인 거죠.

그렇기 때문에 인간은 자기 삶을 기획하고 살아야 해요. 삼월이는 누구와 결혼할지 자신이 정하지 않았어요. 주인이 정했죠. 이야기가 되고 스스로가 주인공이 되는 삶은 내가 생각해서 내가 정하는 거잖아요. 그러려면 자유가 필요해요. 삼월이는 자유가 없었지만 우린 자유를 가지고 있어요.

그런데 이야기는 기승전결이라는 구조를 가지고 있어요. 때문에 생애를 기획해서 이야기가 된다는 건 어떤 의미에서 '기대'를 의미하는 거예요. 내가 이렇게 '기'를 잘하면 '승'이 오고, '승'을 잘하면 '전'이 오고, 이렇게 기-승-전까지 잘하고 나면 내 삶의 결말이 훌륭해질 거라 생각하는 게 기대거든요. 수학 시간에 필요조건, 충분조건 배우죠? 'p이면 q이다'가 기대의 공식이에요. p라는 조건을 충분히 만족시키면서 우리는 q라는 결과를 기대하는 거예요. '열심히 공부하면 서울대에 입학할 수 있을 것이다', '열심히 일하면 돈을 많이 벌 수 있을 것이다'처럼요.

여기서 p의 시점은 언제인가요? 현재죠. q는 미래예요. 미래 중에서도 가까운 미래겠죠. 'p이면 q이다'가 작동하려면 예측이 중요해요. 우리가 살아갈 때 이 예측 가능성이 있어야만 기대하고 살아갈 수 있는 거예요. 예측 가능성이 무너지면 우리는 삶에 대해 기대할 수 없어요. 이게 기대의 가장 큰 특징이에요.

이 예측은 과거에는 금지돼 있었던 거예요. 시간은 인간의 것이 아니라 신의 것이라고 생각했기 때문입니다. 몇몇 문화권에서 고리대금을 금지했었던 것도 이 이유예요. 이자라는 게 시간 때문에 생기는 거거든요. 오늘 내가 돈을 빌려 주고 한 달 후에 받는다면, 이 한 달이란 시간을 계산해서 이자를 받아 내는 거잖아요. 시간은 사람들 모두에게 공평하게 분배된 신의 것인데 고리대는 이런 시간을 인간이 사유화하는 것이고 이건 신의 영역을 침범하는 것이라 해서 금지한 거예요.

이슬람권에서는 언제 무엇을 하겠다고 단정해서 말해도 안 돼요. 가령 '내일 비가 온다면 나는 학교에 가지 않겠다' 이렇게만 말하면 안 돼요. 내일 이런 것을 하겠다는 건 내가 내일 시간의 주인이라는 뜻이잖아요. 그건 굉장히 오만하고 건방진 소리예요. 그래서 꼭 '그것이 알라의 뜻이라면'이라는 말을 붙여야 해요.

근데 지금 우리는 그런 말 안 하잖아요. 우리 스스로가 우리 시간의 주인이라고 생각하는 거죠. 우리가 시간을 통제할 수 있다고 생각하는 거예요. 'p이면 q'라는 공식도 그것과 다른 말이 아니에요. 내가 이렇게 조건을 만족시키면 중간에 어떤 변수가 있더라도 통제해서 q라는 결과가 나올 것이라고 보는 거죠. 이게 시간을 바라보는 우리 현대인들의 독특한 시각입니다.

우리가 뭔가를 기대하고 산다는 건 항상, 곧 도래할 미래를 중심으로 산다는 거예요. 그런 삶에서 현재를 잘 즐길 수 있을까요?

"아니요. 억압하게 돼요."

오, '억압'. 좋은 말이에요. (웃음) 어려운 말로, 현재를 유예하면서 살아가는 거예요. 단적으로 여러분이 왜 고등학교에서 그 재미없는 공부를 스스로 고문해 가면서 해야 하나요. 현재를 유예하는 것이 공부이기 때문이에요. 현재를 유예하려면 하나가 약속돼 있어야 해요. 미래의 결과. 그래야 유예할 수 있겠죠. 아무리 열심히 공부해도 약속된 결과가 없다면 누가 오늘을 유예하겠어요. 물론 스피노자는 내일 지구가 망하더라도 오늘 사과나무를 심겠지만 대부분의 사람들은 안 그럴 거예요.

이렇게 현재를 유예하고 예측하면서 내 행동을 기획할 때 중요한 건 뭘까요? 얼마만큼 투자하면 얼마큼 나올 것인가, 그 자원이 내게 있느냐 없느냐예요. 예측 가능성 때문에 계산을 하게 되는 거죠. 머릿속에서 주판알을 계속 굴려야 해요. 잘 될지 안 될지를 판단해야 하거든요. 이렇게 계산하는 행위를 '효율을 추구한다'라고 말해요. 기대가 강할수록 우리는 항상 뭔가를 계산하고 살아야 해요. 그 계산의 기준점이 효율이에요. 컴퓨터를 사용하다 한 번씩 최적화해 주잖아요. 최적화가 뭘 의미해요? 쓸모없는 건 빼라는 거잖아요. 인생도 마찬가지예요. 불필요는 절대 있어선 안 돼요. 낭비하지 말고 살라는 말이 여기서 나오는 거예요. 우리 인생의 최고 금기어가 낭비예요. 시간을 낭비해도 안 되고 사람 관계를 낭비해도 안 되고, 심지어 감정을 낭비해서도 안 돼요.

우리는 뚱뚱한 사람을 많이 비난하죠. 뚱뚱하다는 이유로 학교에서 왕따가 되기도 하고요. 요즘은 비만이면 취직도 잘 안 돼요. 제 친구 중에 몸무게가 120kg이 넘는 애가 있는데 언론사 시험을 봤어요. 필기는 붙었는데 면접에서 떨어졌어요. 거구를 끌고 면접장에 갔더니 면접관이 보자마자 그랬대요. "자기관리 안 하시나 봐요?" 사실 애가 대학 시절 데모할 때는 전광석화같이 날아다녔던 애거든요. 오히려 제가 진짜 둔해서 잘 잡혔지 애는 뚱뚱해도 굉장히 민첩한 애였어요. 그런데 그 면접관들한테는 쓸모없는 비곗덩어리를 달고 있는 것처럼 보였던 거죠. 그 말은 자기관리를 안 했다는 거고, 게으르게 살았다는 거고, 낭비하고 살았다는 거고, 인생을 최적화하지 않았다는 거예요.

친구 관계도 그래요. 학교 생활을 하다 보면 내가 아이스크림을 골라 먹듯이 친구를 골라서 사귈 수 없잖아요. 근데 여러분 부모님들은 좋은 친구 사귀라고, 나쁜 친구랑 어울리지 말라고 하잖아요. 부모님들 눈에는 그게 다 낭비로 보이는 거예요.

감정도 마찬가지예요. 얼마 전에 7급 공무원 시험에 붙은 친구가 있는데, 그 친구의 생활계획표 맨 마지막 구절이 '사람을 만나지 말라'였어요. 돈 들고 시간 드는 게 문제가 아니라 사람을 만나는 것만큼 인간의 감정을 많이 소비하는 게 없다는 거예요. 여러분도 엄마랑 싸울 때가 제일 피곤하잖아요. 에너지가 빵빵 들어가잖아요. 사실 교사도 굉장히 피곤한 직업이에요. 계속 사람을 만나야 하는 일이거든요. 여러분을 만날 때마다 기가 쪽쪽 빨려 나가는 거죠. 감정 소비가 장난 아니에요. 제가 아는 몇몇 교사들은 집에 가면 노래도 안 듣는다고 하더라고요. 아무것도 안 하고 방에 가만히 누워서 그 정적과 고독을 즐긴대요. 내가 나를 만날 땐 감정 낭비가 없거든요. 이게 바로 최적화해서 살아가는 거예요. 낭비는 없어야 하는 거죠.

그런데 아까 '나'라고 하는 건 사유하고 불화하고 참여해서 비로소 만들어지는 거라고 했잖아요. 이 구조는 기본적으로 낭비의 구조예요. 나를 아직 모르기 때문에 나를 발견하기 전까지는 낭비를 할 수밖에 없어요. 그런데 도달한 결론은 '낭비하지 말라'인 거예요. 나를 알기 위해선 시간과 삶을 탕진할 수밖에 없는데 그걸 탕진해서는 세상을 살아갈 수 없게 된 거죠. 엄청난 괴리가 생긴 거예요.

• 기대가 깨진 삶, 분노하거나 냉소하거나

기대의 공식에서 도출되는 행동 강령이 '하면 된다'예요. 열심히 하면 결과가 나온다는 거죠. 여러분은 '하면 된다'는 말을 믿으시나요? 안 믿는 분들도 계시네요. 안 믿는 분들이 이 말을 고친다면, 어떻게 고칠 수 있을까요?

"하면 될 수도 있다, 되는 건 되고 안 되는 건 안 된다, 되면 한다……"

우리는 세상을 굉장히 체념하면서 살아요. (웃음) 대학생들한테 물

우리 인생의 최고 금기어가 낭비예요.
시간을 낭비해도 안 되고 사람 관계를 낭비해도 안 되고,
심지어 감정을 낭비해서도 안 돼요.

어봤을 때도 비슷한 말들이 나왔어요. '한다고 다 되는 건 아니다', '하면 될지도 모른다', '한다고 되는 거 없더라'. (웃음) 이게 뭘 의미하냐면 '하면 된다'에서 뭔가가 깨져 버렸다는 거예요. 내가 열심히 한다고 하더라도 그 결과라는 게 꼭 나오는 건 아니라는 거죠. 지금 대학생들이 왜 그렇게 죽을 동 살 동 취업 준비를 하나요? 우리 삶에서 예측 가능성이 점점 희박해지고 있거든요. 예측이 잘 안 되는 거예요. 15년 전에는 20% 정도에 불과했던 철밥그릇파가 50%를 넘어선 것도 바로 이 이유 때문이에요. 내가 이렇게 하면 이런 일이 벌어질 거라고 예상해도 중간에 꼭 재수 없는 일이 벌어져요. 예측한 대로 세상이 작동하지 않는 거죠. 내가 아무리 내 삶을 기획하고 예측하고 계산해 봤자 중간에 우연한 변수에 의해 파괴되는 게 너무 많아졌어요.

미래의 약속이 실현되지 않으면 사람들은 현재를 유예하려고 하지 않아요. 이게 많은 어른들이 여러분을 보면서 미치고 환장하는 이유예요. 당신들 생각에는 여러분이 약속된 미래를 기대하면서 현재를 유예하고 살아야 하는데 미래는 생각 않고 오늘을 즐기려고만 하는 것 같은 거죠.

새로운 버전의 개미와 베짱이 이야기 많이 들어 보셨죠? 원래 이야기에서 개미는 현재를 유예하고 열심히 일해서 겨울을 따뜻하게 보내고 베짱이는 띵까띵까 놀다가 얼어 죽잖아요. 이것을 변형해서 만든 웹툰이 인터넷에 많이 떠돌아다녀요. 두 버전만 말씀드리죠. 첫 번째 버전. 개미가 막 열심히 일하고 있는데 베짱이가 옆에서 띵까띵까 놀고 있어요. 그러니까 개미가 한심해하면서 '저거, 저러다 겨울에 얼어 죽지. 나는 열심히 일해서 겨울을 날거야' 하고 생각해요. 그때 지나가던 방송국 PD가 베짱이를 길거리 캐스팅해요. 베짱이는 아이돌 스타가 돼서 떼돈을 벌게 돼요. 겨울이 왔어요. 개미는 어두침침한 굴 속에서 모닥불을 쬐면서 생각을 해요. '아, 나는 이렇게 살아남았지만 베짱이는 죽었겠지?' 그런데 베짱이가 정말 죽었을까요? 만화는 베짱이가 하와이에서 선탠을 하면서 주스를 마시는 장면으로 끝나요.

그럼 두 번째 버전은 뭐냐. 베짱이가 계속 띵까띵까 노니까 개미가 베짱이한테 가서 "너 어떡하려고 그러냐" 물어요. 베짱이가 굉장히 순진무구한 얼굴로 개미를 물끄러미 쳐다보다가 말해요. "죽지 뭐." 그 베짱이는 세상을 달관한 베짱이일까요? 우리 삶이라는 게 더 이상 예측 가능하지 않기 때문에 사람들이 현재를 유예하면서 미래를 위해 열심히 살 이유가 없어진 거예요.

기대가 깨지면 두 감정으로 분화돼요. 하나는 분노예요. 내가 기대를 바탕으로 열심히 준비했는데 왜 안 되냐는 거죠. 여러분도 되게 열심히 공부했는데 시험 망하면 막 펄쩍펄쩍 뛰잖아요. 전문용어로 '격노'라고 불러요. 우리가 하는 말로 '빡치는' 감정이요. 폭파돼서 튀어나온단 말이에요. 그럼 주변 사람들한테 총질하게 돼 있어요. 일본이나 미국에서 많이 일어나는 '묻지 마 살인'의 상당 부분은 치밀한 계획하에 나오는 게 아니라 빡쳐서 격노된 감정 때문에 벌어지는 거예요. 지금 우리나라에서 문제가 되고 있는 학교폭력 같은 경우도 그래요. 제가 굉장히 우려하는 것이, 인간의 감정이 분노에 의해 다스려지기 시작했는데 분노를 표출할 통로는 없다는 거예요. 사회에 대한 분노, 권력이나 권위에 대한 분노가 그 대상에게 표출돼야 하는데 그러지 못하니까 주변에 있는 가장 약한 사람한테 칼질하게 되는 거거든요. 요즘 지하철에서 할아버지랑 젊은 사람들이랑 자리 때문에 싸우는 경우가 많잖아요. 예전에는 노인이 와서 "비켜. 어디 건방지게 어린 게 앉아 있어?" 그러면 보통 기분이 나빠도 작은 소리로 "에이 씨" 그러고 옆 칸으로 갔거든요. 근데 요새는 쌍욕을 하면서 싸워요. 이게 격노예요.

두 번째 감정은 냉소예요. 아마 여러분 중에 다수의 친구들이 가지고 있는 감정일 텐데, 한마디로 더 이상 기대하지 않고 살겠다는 거예요. 기대를 안 하면 실망할 이유가 없잖아요. 냉소에 의해 만들어지는 수많은 훌륭한 작품들이 있어요. 웹툰 중에 〈마음의 소리〉, 〈이말년시리즈〉 이런 것들이 냉소의 극치를 보여 줘요. 이런 만화들을 '병맛' 만화라고 부르거든요. 인생이라는 게 열심히 살았으면 훌륭하게 끝나야 하는데, 결말이 그냥 병맛으로 끝나는 거예요. 기승전결이 아니라 기승전'병'이 된 거죠.

병맛의 극치를 보여 줬던 게 제가 인터넷에서 본 《드래곤볼》 패러디 만화예요. 원래 《드래곤볼》에서는 주인공이 일곱 개의 드래곤볼을 천신만고 끝에 모으면 용이 '짠' 하고 나타나서 소원을 들어줘요. 그게 기승전결로 이루어진 이야기의 훌륭한 결말이잖아요. 근데 이 만화에서는 주인공이 드래곤볼을 딱 던져 주고 "세계 최강자가 되고 싶습니다”라고 소원을 말하면 용이 이렇게 말해요. “잘 들었다. 재밌는 소원이군.” 그리고 사라져요. 이게 병맛인 거지요. 내가 뭐할라고 드래곤볼 일곱 개를 모은 거야?

그나마 이전엔 ‘기승전병’이라도 됐는데 요즘엔 아예 ‘병병병병’이라고 부르더라고요. 인생은 처음부터 끝까지 병맛이라는 거예요. 그럼 기대할 것이 아무것도 없는 거죠. 이런 사람들을 보니까 어른들 입장에선 미치고 환장하는 겁니다. 열심히 살기를 바라는데, “엄마 인생이 병맛이야”라면서 아무것도 안 하니까요. ‘시작은 미약하였으나 끝은 창대하리라.’ 이런 말은 우리가 기대를 하고 있기 때문에 할 수 있는 말이에요. 열심히 살려고 하는 말이고요. 근데 ‘시작은 미약하였으나 끝은 더 미약하리라’ 이렇게 돼 버리면 인생이 진짜 병맛이 되는 거잖아요.

실제 우리 삶도 원래 생각하고 있던 것이 어떻게 망해 왔는가에 대한 역사예요. 나를 발견하고 내가 좋아하는 걸 하면서 사는 것을 자아실현이라고 하잖아요. 우리는 나 자신을 실현하면서 잘 살려고 하지만 이런 과정을 하나씩 거치다 보면 철밥그릇으로 귀결될 수밖에 없는 거죠.

그나마 이 끈이라도 붙잡고 살아야 하니까 인간들이 목을 매고 자기관리를 하는 거예요. 친구도 시간도 감정도 관리하라고 하는 거고요. 심지어 부모가 자녀의 스케줄부터 친구 관계까지 모든 것을 관리해 주는 경우도 있어요.

사례를 하나 말씀드릴게요. 부모의 관리를 잘 받으며 자란 사람이 드디어 하버드 법대를 졸업했어요. 온 식구가 축하해 주러 갔죠. 부모 입장에서는 얼마나 기쁘겠어요. 자기 작품인데. 그런데 자식이 졸업식 끝나고 하버드를 나오면서 엄마한테 이렇게 말했대요. "엄마 나 이제 뭐해야 해?"

그리고 이건 제 친구가 조깅하면서 앞서 달리는 남자애 둘의 대화를 듣고 전해 준 얘기인데요, A가 B한테 "야, 엄마가 여자 친구랑 헤어지래" 그랬대요. B가 "왜 헤어지래?" 했더니 A가, "학벌도 안 좋고 집안도 별로라고" 그래요. 그래서 B가 A보고 "그래? 그럼 넌 어떻게 생각하는데?" 물었어요. 그랬더니 A가 "응, 엄마 말이 맞는 거 같애" 그러더래요. 엄친아의 실체예요.

삶의 예측 가능성이 깨지고, 더 이상 삶에 대해 기대하지 못하게 돼서 인간이 냉소하거나 분노만 하면서 살아가는 이 사회. 이런 사회가 온 걸 슬퍼해야 할까요? 물론 우리는 한편에서 이런 세상이 된 것에 분노해야 해요. 어디에도 안정적인 것이 없고 불안하기만 하다면 삶은 삶이 아니게 되는 것이고 사회는 적개심으로 넘쳐 날 테니까요. 무엇보다 사회가 삶을 안정적으로 만들어 주지 않으면 다들 자기만 살겠다고 남을 외면하게 되겠지요. 한자로는 각자도생各自圖生이라고 합니다. 지하철에서 사고가 났는데 승객들이 혼자 살겠다고 뛰쳐나간다고 생각해 보세요. 지옥도 그런 지옥이 없을 거예요. 그러니 삶의 예측 가능성을 높이기 위해 안정적 삶이 가능한 사회를 만드는 것은 중요합니다.

그러나 좀 더 다른 차원에서 기대에 맞춰 사는 삶이 과연 좋기만 한 삶인지를 생각해 볼 필요가 있어요. 이 기대가 깨졌기 때문에 비로소 우리가 깨닫게 된 것이 하나 있습니다. 기대에 맞추어 살려고 노력하다가는 우리가 앞의 사례에 하버드대 졸업생이나 엄친아 A처럼 될 수밖에 없다는 거예요. 기대하는 삶의 귀결점이 이런 모습이라는 걸 우리가 알게 되었어요. 현재를 늘 억압하고 미래를 위해 효율적으로만 살아야 하는 것이 '기대'를 중심에 놓은 삶입니다. 그래서 우리는 삶의 안정성을 높이기 위해 노력하는 동시에 기대에 구속된 삶이 아니라 기대로부터 벗어난 삶을 상상해 볼 필요가 있습니다.

• 그래도 계속 기대를 붙들고 산다면

'기대'는 영어로 'expect'거든요. 말씀드렸듯이 이건 죽었어요. 하지만 많은 사람들이 이 기대라는 걸 부활시키고 이 기대에 맞는 삶을 살아가려고 노력하고 있어요.

여전히 기대를 가지고 살아가면 미친 듯이 자기관리를 하는 삶의 모습이 나올 수밖에 없어요. 서점에 가면 자기계발서들 엄청 많죠. 《일을 했으면 성과를 내라》, 《아침형 인간》, 《저녁형 인간》……. 이런 책들은 미친 듯이 자기계발을 하면서 살라고 해요. 분초를 아끼면서 살아가라고요. 이런 말을 하는 사람들은 시간을 '스케줄'로 만들어 버렸어요. 스케줄은 다른 말로 '분할하고 배치하라'는 말이에요. 여러분 중에 다이어리 쓰는 분들 있죠. 다이어리를 펼치면 우선 뭘 하나요? 1년이란 시간을 쪼개죠. 분할해요. 시간은 금이니까. 그런 다음 내가 할 일을 배치해요. 이땐 뭐하고, 이땐 뭐하고. 이렇게 살면 그나마 마지막 노아의 방주를 탈 수 있다고 믿는 거예요. 자기계발서들도 그렇게 살면 이 망해 가는 세상에서 너 하나는 살아남을지 모른다고 얘기해요. 시간을 분할하고 배치해서 효율적으로 사용하면 삶이 진보할 것이라는 얘기죠.

이런 관점에서는 시간을 한 방향으로만 나아가되 상승하는 걸로 봐요. 계속해서 뭔가가 축적되는 거죠. 이걸 되게 중요시해요. 어떻게 보면 맞는 말인 거 같아요. 근데 우리는 조금 더 현명해질 필요가 있어요. 여기 어마어마한 속임수가 숨어 있어요. 이런 최적화된 삶에서 이 시간을 길게 보면 뭔가 쌓이는 거 같고 내가 진보하는 거 같지만, 한순간만 딱 떼서 보세요. 이 시간이 얼마나 비참한지가 보여요. 완전 시계추예요. 아침에 일어나서 저녁에 잘 때까지 똑같은 시간이 반복돼요. 이 시간은 축적되어 나아가는 시간처럼 보이지만 사실 공수표예요. 지불되지 않는 계산서죠. 끊임없이 다람쥐 쳇바퀴 돌 듯 살아가는 거예요.

제 친구들 중에 공부 잘했던 애들 많아요. 그 친구들 중에 변호사, 판사, 의사된 친구들도 있어요. 의사인 친구는 아침 8시부터 저녁 8시까지 환자만 봐요. 변호사인 애는 밤 10시가 돼도 클라이언트한테 전화가 오면 무조건 뛰어나가야 해요. 걔는 해외여행 다니는 동안에도 클라이언트한테 전화가 올까 봐 전화기를 꺼 놓지 못해요. 주식회사에 취직한 애는 연봉 1억이 넘어요. 근데 자기 통장에 돈이 얼마 있는지 몰라요. 통장을 볼 시간이 없을 만큼 바쁜 거예요. 농담이 아니에요. 사람들이 그렇게 선망하는 '사' 자 들어가는 직업이, 실제로 이렇게 비참하게 살고 있어요.

이런 삶으로 우리는 더 이상 행복해지지 않아요. 기대를 하면 할수록 우리는 자기를 소비하고 착취하고 억압하면서 살아야 해요. 이렇게 기대로 뭉친 사회에서 우리는 미친 듯이 노력하며 많은 것을 체험하지만 그 체험은 결코 경험이 되지 못합니다. 체험은 넘쳐 나는데 경험은 빈곤한 것이 현대인의 특징 중 하나입니다.

그럼 체험은 뭐고 경험은 뭐냐. 우리 일상은 체험으로 구성돼 있어요. 여러분이 지금 저를 만나서 이런 강연을 듣는 것도 체험이에요. 그런데 이 체험 중에서 일부가 경험이 돼요. 경험의 '경經' 자가 '이야기 경' 자거든요. 경험은 이야기된 체험이라는 뜻이에요. 뭔가를 체험한 것이 모두 경험이 되지는 않는다는 거예요. 이야기가 됐을 때만 경험이 돼요. 이야기가 되려면 언어를 만들어 내야 해요. 이전의 내가 가지고 있었던 언어로는 설명이 안 돼요. 새로운 언어를 만들 때에만 이 체험이 설명이 되는 거예요. 이 새로운 언어를 만들기 위해서 제일 필요한 건 사유예요. 사유를 하려면 시간이 필요하고요. 새로운 언어가 나올 때까지 시간을 충분히 들여야 체험이 경험으로 바뀌어요.

이 충분한 시간을 들이는 과정, 이게 누군가에게는 낭비로 보여요. 여러분도 그래서 "쓸데없는 생각 하지 말고 공부해라"라는 말을 대단히 많이 듣잖아요. 근데 그건 공부하지 말라는 말이나 다름없어요. 쓸데없는 생각을 많이 해야 그 생각 속에서 언어가 만들어지기 때문이에요. 새로운 언어가 생겼을 때 이전의 언어는 상투어가 되거든요. 이걸로는 내 삶이 설명이 안 된다는 거예요. 체험을 통해 경험을 할 때 우리는 어떻게든 상투어를 벗어나려는 노력을 하는 거예요. 살아 있는 언어, 내 삶과 밀착된 언어, 그 언어를 만들어 내는 거죠. 그 언어는 시간을 탕진해야만 나와요.

이 시간이 얼마나 오래 걸릴지는 몰라요. 그래서 지겹기도 하고 고통스럽기도 합니다. 그러나 언젠가는 새로운 언어가 생길 것이라고 믿는 것, 그것이 기대와는 다른 희망입니다. 희망이라는 건 뭘까요. 이건 정말 설명하기도 힘들고, 받아들이기도 어려워요. 그래도 최선을 다해서 설명해 볼게요.

· 희망은 함께 기다리는 것

희망은 종교적 의미를 강하게 가지고 있어요. 여기 교회 다니시는 분? 안 다니는 분들도 예수 얘기를 조금은 알잖아요. 거기에 기반을 두고 들으시면 돼요.

그리스도교에서 말하는 희망에는 별 얘기가 다 나와요. 부활, 구원, 천국……. 희망은 영생하는 것일 수도 있고 천국 가는 것일 수도 있고 구원받는 것일 수도 있지만, 그리스도교에서 이야기하는 희망에는 근거가 있어요. 이 모든 희망의 근거는 예수의 재림이에요. 재림이 없으면 다른 것들은 헛것이 되거든요. 길거리에 나가면 빨간 십자가 들고 다니는 분들 많이 보죠. 그분들이 만날 하는 말이 "예수 재림"이잖아요. 희망의 근거가 예수 재림이라는 것 하나는 확실히 알고 있는 거예요.

그런데 《성경》에는 예수가 재림한다는 얘기만 있고 언제 온다는 얘기가 없어요. 심지어 언제 오는지는 하느님만 아신다고 얘기해요. 기대라는 건 미래가 보여야 하는 거거든요. 희망이 아니라 기대라고 하면 예수가 언제 오는지, 어떻게 오는지 예측이 돼야 해요. 그래야 우리가 무엇을 하고 살지 보이잖아요. 근데 그 말이 없어요. 시한부 종말론이 판을 칠 수밖에 없는 이유가 이거예요. 각자가 언제 온다는 걸 계산하는 거죠. 방법과 시기에 대해서 해괴한 예측도 많아요. 하늘에서 팡파르가 막 울리면 구름이 양옆으로 쫙 갈라지면서 예수가 내려온다고 설명하는 교회도 있어요. 그런데 그렇게 내려오면 지구 반대편에 있는 사람들은 안 보이잖아요. 그럼 카메라를 설치해서 중계방송 해 주나요? (웃음)

희망이라고 하는 건 지금 말한 대로 예측이 안 돼요. 예측을 하기 때문에 우리가 기대하는 건데 예측이 안 되면 뭘 어떡하라는 거죠?

예수는 그럴 때 굉장히 '쿨' 하게 기다리라고 해요. 희망은 예측해서 뭔가를 하는 게 아니라 철저하게 기다리는 거예요. 언제 올지 모르지만 그냥 기다리는 걸 종교에서는 희망이라고 불렀어요. 왜 기다리라고 얘기했냐. 희망이 기대가 되는 걸 방지하기 위해서예요. 희망이 기대가 되는 순간 예측하기 시작하고, 계산하기 시작하고, 그렇게 되면 삶이라고 하는 게 앞서 말한 자기착취의 구조로 갈 수밖에 없어요. 그래서 어떻게 기다릴 건지가 중요해요.

희망은 절대 혼자 누릴 수 있는 게 아니에요. 기다리되 동료랑 같이 기다려야 해요. 옆에 동료가 있으면 기다릴 수 있고 없으면 못 기다린다는 거죠. 동료가 중요한 건, 그 동료가 희망의 근거이기 때문이에요. 내가 기대를 갖고 살아가는 게 아니라 희망하면서 살아가기 위해 제일 필요한 건 나랑 같이 그것을 기다릴 수 있는 사람이에요. 그 사람이 내 옆에 없으면 우리는 희망이라는 걸 절대 꿈꿀 수 없어요. 그러면 다시 기대로 돌아가는 수밖에 없어요. 성서에서 얘기하는 방식으로 설명하면 언제 예수가 올지 모르니까 늘 깨어 있어야 한다는 겁니다. 근데 24시간 깨어 있는 게 불가능하잖아요. 그러니까 같이 기다리면서 내가 잠들려 할 때마다 쿡쿡 찔러 가며 나를 깨워 주는 사람이 필요한 거예요.

내가 준비한다고 해서 그 희망의 순간이 당겨지는 게 아니에요. 그럼에도 준비를 하는 것은 그때가 도래했을 때 포착하기 위해서예요. 그 순간을 기쁘게 맞이하기 위해서요. 기다림으로써 준비하는 건 그 시간을 만드는 게 아니라는 거예요. 이 차이를 아셨으면 좋겠어요. 그 시간은 어느 날 갑자기 우연히 나에게 열려요. 그 시간을 내가 포착하는 겁니다. 그 자체로 흠결 없는 시간, 충만한 시간이에요. '카이로스의 시간'이라고도 합니다.

다시 강조하지만 충만함이라는 건 만드는 게 아니라 현명하게 그 시간이 열렸을 때 내가 놓치지 않는 거예요. 살면서 때를 잘 포착해서 너무 기뻤던 경험들 있잖아요. 예를 들어 친구 관계에서 내가 아무리 잘해 줘도 꿈쩍도 안 하다가 어느 날 별 시덥잖은 소리를 했는데 갑자기 그 친구가 큰 감동을 받고 친해지는 경우처럼요.

왜 깨어 있어야 하는가. 바로 기회를 포착하기 위해서예요. 이 기쁨의 시간이 도래했음을 포착할 때 기쁜 거죠. 희망의 결과는 딱 하나밖에 없어요. 기쁨이에요. 희망 자체가 가지고 있는 뜻이 기쁨이기 때문이에요. 그것을 포착하는 게 현명함이에요. 공부를 하는 가장 큰 이유도 똑똑해지거나 많이 알기 위해서가 아니라, 내 주변의 사람들과 살아가면서 내 삶에 열리는 그 기회를 잘 포착하기 위한 거죠.

그럼 동료는 어떤 사람인가. 이 시대에 대해서 또는 우리가 살아감에 대해서 '공감'하는 사람을 동료라고 불러요. '공감'은 '동감'과는 다른 것이에요. 예를 들어 동냥하는 사람을 보고 너무 가슴이 아파서 나도 모르게 돈을 줄 때가 있죠. 이때의 감정을 '동감'이라고 불러요. A가 B를 보고 순식간에 B에게 감정이입이 되는 거예요. A가 B로 바뀌어서 일체감을 느끼는 거죠. 그런데 A가 B가 되는 순간 A는 사라져요.

희망은 절대 혼자 누릴 수 있는 게 아니에요. 기다리되 동료랑 같이 기다려야 해요.
옆에 동료가 있으면 기다릴 수 있고 없으면 못 기다린다는 거죠. 동료가 중요한 건,
그 동료가 희망의 근거이기 때문이에요.

그랬다가 감정이입이 끝나면 다시 A로 돌아와요. 즉 A는 안전한 거예요. A가 A로서 뭘 한 게 아니라 B로서 뭘 했으니까 바뀌는 게 없어요. A는 거지가 아니에요. 거지의 감정을 일시적으로 느꼈지만 다시 거지가 아닌 존재로 돌아와서 거지와 무관하게 살아갈 수 있는 거죠. 돈한번 주고 나서 흡족해져서 좋은 일을 했다고 느끼잖아요.

반면 '공감'은 A와 B 사이에 무언가가 생기는 거예요. 이건 A의 것도 아니고 B의 것도 아니에요. 후쿠시마 핵발전소 폭발이 일어났을 때 무서웠죠. 특히 부산, 울산은 핵발전소와 인접해 있잖아요. 울산의 많은 사람들은 폭발을 보면서 공포감을 느꼈어요. 나한테도 일어날지 모르는 일이니까요. 그게 공감이에요. 다른 말로 표현하면, '네 처지나 내 처지나'입니다. 네 운명이 곧 내 운명이라는 걸 자각하는 것이 공감인 거죠. 공통의 운명을 자각하는 거예요. 여기서는 A도, B도 사라질 수 없어요.

공통의 운명을 자각하는 것이 공감의 첫 번째 핵심이라면, 두 번째는 고통의 강도를 공유하는 거예요. 대부분 공감의 바탕에는 공포가 있어요. 기쁨이 아니에요. 진짜 공감하는 사람들끼리는 공포심을 공유해요. 후쿠시마에 대해서도 마찬가지고요. 친구와 대한민국에서 고등학생으로 살아간다는 것의 비참함, 괴로움, 고통, 초라함을 공유할 수 있을 때, 그 친구를 동료라고 부르는 거예요. 공통의 운명을 직감한 동료와 같이해야 이 말도 안 되는 입시 전쟁, 고통의 시대와 단절할 수 있는 거예요.

저는 그런 동료가 있을 때 고통을 견디고 희망을 가질 수 있다고 생각합니다. 시간을 탕진할 용기를 갖고 함께할 동료를 만드세요. 이미 여러분은 어쩌면 학교에서 훌륭하게 이런 시간을 보내고 있는 것인지도 모릅니다. 동료와 함께 즐겁게 시간을 탕진하면서 말이죠. 여러분의 학창시절이 경험을 하고 동료를 만나는 멋진 희망의 시간이기를 바랍니다. 감사합니다.

인간은 신을 버릴 수 있는가

성해영 서울대 인문학연구원 교수

대학에서 외교학을 공부하고 문화체육관광부에서 한때 공무원으로 재직했습니다. 뒤늦게 진로를 바꾸어 대학원에서 종교학 석사 학위를, 유학길에 올라 종교심리학과 신비주의 연구로 박사 학위를 받았습니다. 《종교, 이제는 깨달음이다》, 《문명 속으로》, 《문명의 교류와 충돌》 등의 책을 냈고, <신비주의란 무엇인가? : 개념에 대한 오해와 유용성을 중심으로> 등과 같은 신비주의와 종교 체험에 관한 논문을 주로 썼습니다.

보이지 않는 차원을 드러내는 다양한 유형의 종교 체험을 제도 종교와 인간의 종교성과 연결시켜 살펴보는 것이 주된 학문적 관심입니다. 신비주의와 종교심리학의 관점에서 오늘 우리의 종교성을 되짚어 보려는 꿈을 가지고 있습니다.

귀한 자리에 이렇게 불러 주셔서 감사합니다. 오강남 선생님과 함께 《종교, 이제는 깨달음이다》라는 책을 출간하고 나서 강연을 많이 다닙니다. 강연을 다니면서 여러 가지를 실감합니다만, 그중에서도 가장 인상적인 사실은 생각보다 사람들이 종교에 참으로 큰 관심을 가지고 있다는 점이었습니다. 덧붙여 강연의 어려움도 많이 느꼈습니다. 종교에 관심이 있는 분들에게 종교를 잘 설명하면서도 그분들의 지적 욕구를 충족시킨다는 게 그만큼 어렵다는 의미겠지요. 특히 여러 종교를 골고루 믿고 있는 우리나라에서는 종교에 관한 얘기가 한층 조심스러울 수밖에 없습니다.

가장 힘들기도 했고 기억에 남는 강연은 승가대학 한 곳에서 경험했습니다. 비교종교학을 듣는 분들을 대상으로 한 특강이었는데, 승가대학의 특성상 청중들은 모두 승려 분들이었어요. 강의실로 들어가니까 책상이 세 줄로 놓여 있는데 왼쪽 편에는 비구승들이, 오른쪽 편에는 비구니승들이 앉아 계시더라고요. 가운데 줄은 아무도 안 앉아 있고요. 그 장면도 생소했는데, 다들 침묵을 지키면서 어떤 분들은 의자 위에서 가부좌에 눈까지 감고 계신 거예요. 소개가 끝나고 연단에 섰는데도 몇 분은 여전히 눈을 감고 있고요. 그때까지 한 번도 경험해 보지 못한 상황이라 긴장이 확 되었습니다.

그러니 제 딴에는 유머로 분위기를 바꿔야겠다는 생각이 들었거든요. 얼떨결에 꺼낸 얘기가 "강의를 참 많이 다녀 봤지만 제 머리카락이 제일 긴 곳에서의 강연은 이번이 처음이네요"였습니다. 그런데 정말 아무도 안 웃으시는 거예요. 웃기는커녕 아무 반응도 없는 겁니다. 눈 감고 계시는 몇 분들은 아예 미동도 없고요. 그 순간 얼마나 당황했던지 등에 식은땀이 쭉 나면서 말이 꼬이기 시작했어요. 한 번 꼬이기 시작하니까, 걷잡을 수가 없어서 한 30분을 정신없이 헤맸습니다. 나름 강연을 많이 했다고 자부했는데, 그날은 마음이 백지처럼 하얗게 비워졌습니다. 간신히 컨디션이 돌아와 정신을 차릴 쯤 되니까, 이미 끝날 시간이 돼 버렸습니다. 그날 밤 꿈에서도 강연을 했지요. 나중에 강연을 소개해 주신 분께 들은 얘기인데, 그 승가대학이 '강연자들의 무덤'이라고 불린다고 합니다. (웃음)

청소년들을 대상으로 한 오늘 이 자리도 낯설기는 마찬가지입니다. 생각해 보면 이상하게도 청소년들과 함께하는 자리가 거의 없었습니다. 그래서인지 많이 긴장되네요. 물론 승가대학 강연만큼은 어렵지 않을 것 같습니다. 벌써들 자주 웃어 주시니 말이지요.

오늘 나눌 얘기의 핵심을 질문으로 표현하면 '오늘날에도 우리는 종교를 필요로 할까'입니다. 인간이 달나라까지 간 요즈음에도 종교가 우리에게 필요할까요? 과학이 이토록 발전한 현대에도 사람들은 왜 종교를 믿고 있을까요? 종교만이 제시할 수 있는 행복이나 위안이 있을까요? 그런데도 왜 종교는 문제의 중심에 서 있을까요? 이런 질문들이 오늘 다루려고 하는 물음들입니다. 언뜻 들으면 매우 폭 넓은 의문들이어서 뜬구름 잡는다는 느낌도 드시겠지만, 찬찬히 쫓아가다 보면 도움이 되리라고 기대합니다. 그럼 이야기를 시작해 보겠습니다.

· 종교란 무엇인가

우선 무엇을 종교라고 부르는지, 종교의 정의부터 살펴봅시다. 종교를 정의할 때 제가 주로 애용하는 학자는 미국의 윌리엄 제임스라는 종교학자와 폴 틸리히라는 신학자입니다.

우선 윌리엄 제임스는 종교를, 눈에 보이는 세계에 살고 있는 인간이 눈에 보이지 않는 차원과 맺는 관계라고 정의합니다. 종교에는 '눈에 보이지 않는 차원 혹은 세계'에 대한 얘기가 반드시 있어야 한다는 거지요. 북한에 주체사상이라고 있잖아요. 북한 사람들이 열심히 신봉하고 더러는 그 사상을 위해 목숨도 바치지만, 그래도 우리가 주체사상을 종교라고 부르지 않는 이유는 내세 관념이 없어서 그렇습니다. 주체사상을 열심히 믿는다고 해서 가게 되는 사후 세계가 없는 거지요. 그래서 종교에 버금가는 열정을 보여 준다 할지라도 종교라고 부르기 어렵다는 겁니다. 종교에는 사후 세계, 신적 존재, 윤회, 귀신, 영혼과 같은 보이지 않는 차원과 관련된 얘기가 반드시 포함되어야 한다는 거죠. 다시 말해 종교는 우리가 눈으로 볼 수 있는 세계가 전부가 아니라고 주장해야 한다는 겁니다.

그럼 무교巫敎는 종교일까요, 아닐까요? 그렇지요, 종교가 맞지요. 무당은 굿판에서 죽은 사람의 영혼을 불러 산 사람들과 대화하는 걸 도와주잖아요. 그게 실제로 일어나는 일인가 여부와 무관하게, 무교는 적어도 보이지 않는 차원의 존재와 소통할 수 있다는 얘기를 하니까 윌리엄 제임스가 말하는 종교에 해당되는 겁니다.

이번엔 조금 더 어려운 질문을 드릴게요. 그럼 유교는 종교일까요? 물론 종교입니다. 유교에서 가장 중요한 의례가 바로 조상에게 지내는 제사잖아요. 제사라는 게 조상들의 영혼이 실제로 있다고 생각하니까 지내는 것이지 조상을 핑계로 우리끼리 한상 거하게 차려서 푸짐하게 먹어 보겠다는 목적은 아니거든요. 죽음 이후의 세계, 즉 혼백魂魄의 세계를 인정한다는 전제를 가지고 제사를 지낸다는 점에서 유교 역시 종교입니다.

그런데 왜 유교가 종교인지 아닌지 논란이 많은 걸까요? 이유는 유교가 사후 세계, 다시 말해 보이지 않는 차원에 대한 얘기를 극도로 아끼는 데에 있습니다. 불교나 기독교와 달리 유교는 저쪽 세상에 대한 설명을 거의 하지 않아요. 제사 지내는 날은 "할아버지, 할머니 오시니까 문 열어 둬라"라고 하면서 생전에 좋아하시던 음식도 바치고 열심히 의례를 치르는데, 그날 외에는 조상의 혼백이 어디에서 뭘 하면서 지내는지 놀라울 정도로 관심이 없잖아요. (웃음) 이렇게 유교에는 지옥, 천국을 비롯해 보이지 않는 차원에 대한 이야기가 다른 종교에 비해 굉장히 드물어요. 그 때문에 유교는 종교라기보다는 일종의 사회 윤리 규범 체계라고들 많이 생각하지요. 그렇지만 유교 전통이 가장 강조하는 제사라는 의례를 곰곰이 들여다본다면, 유교 역시 제임스가 정의하는 종교에 해당된다는 걸 알 수 있습니다.

폴 틸리히는 이와 조금 다른 각도에서 종교를 바라봅니다. 그는 종교를, 인간이 묻지 않을 수 없는 존재의 궁극적인 질문들을 다루는 이야기 체계로 간주합니다. '궁극적인 질문' 하니까 어렵게 들리지요? 쉽게 풀어서 설명해 보겠습니다. 예를 들어 점심에 짜장면을 먹을 것인가 짬뽕을 먹을 것인가는 대부분의 사람들에게 궁극적인 관심사는 아니지요. 물론 그것이 삶의 궁극적인 관심인 사람도 있겠죠. (웃음) 하지만 실제로 우리에게 궁극적인 중요성을 띠는 관심사는 이런 질문들일 겁니다. '우리는 왜 태어났고, 왜 살고 있고, 왜 죽어야만 하는가.' '죽은 다음에는 어떻게 되는가.' '신이라는 궁극적 존재는 정말 있는 것일까.' 이렇게 뭔가 거창하고 심오하게 들리는 질문들이요. 틸리히는 이런 질문들에 관심을 두고 해답을 찾는 것이 종교라고 본 거죠.

이제 두 사람의 정의를 결합해 볼까요? 결국 종교는, 인간이 물을 수밖에 없는 삶의 궁극적인 물음에 답을 찾으려 하되, 그 답을 눈에 보이지 않는 세계에서 발견하려는 시도입니다. 이 자리에 기독교인들도 많으시지요? 기독교인들에게 삶의 궁극적 의미를 주는 《성경》은 어떤 책인가요? 한마디로 신이 인간에게 주신 말씀이지요. 계시를 듣거나 비전을 볼 수 있는 신의 사자使者들이 신의 말씀을 받아 적은 것이기도 하고요. 다시 말해 눈에 보이지 않는 차원의 메시지가 예언자나 선지자들을 통해 눈에 보이는 세계의 사람들에게 전해진 것이라 볼 수 있어요. 그리고 그 말씀에는 앞서 제기한 우리의 궁극적 관심에 대한 해답이 거의 다 들어 있습니다. 기독교만 그런 게 아닙니다. 마호메트가 기록한 《코란》을 경전으로 삼고 있는 이슬람을 포함해, 거개의 종교들이 어떤 식으로든 궁극적 관심에 대한 해답을 전합니다. 왜 태어나고, 살아가며, 죽는가와 같은 본질적 질문에 대해 저쪽 차원과의 관계라는 관점에서 답변을 시도하는 것이지요. 이렇게 본다면 종교는 참으로 인간적인 현상이라는 것도 알 수 있습니다. 종교가 무엇인지 조금 더 명확해졌나요? 표정들을 보니 아직 아닌 것 같군요. (웃음) 그렇다면 종교를 '세계관'이라는 친숙한 개념으로 풀어서 설명해 보지요.

• 종교와 세계관의 갈등

세계관이란 말 그대로 우리가 세상을 바라보는 눈이라고 할 수 있습니다. 인간은 누구나 살아가면서 나 자신과 타인을 비롯해, 존재하는 모든 것을 바라보게 됩니다. 그런데 있는 그대로가 아니라, 세상을 바라보고 이해하는 자신만의 관점, 즉 세계관에 입각해 대상을 파악합니다. 그런데 이 세계관이라는 게 마치 날 때부터 눈에 꼭 달라붙어 그 존재를 알아차리기 어려운 콘택트렌즈와 같습니다. 뗐다 붙였다 하는 것이 아니라 태어나면서부터 내 눈에 붙어 있는 렌즈라면, 그리고 그 색깔이 나도 모르게 조금씩 변해 가는 거라면 우리는 렌즈가 붙어 있는지도, 그리고 그게 정확하게 무슨 색깔을 띠는지도 알 수 없겠지요. 마치 바닷속에서 태어나 그 속에서 죽는 물고기가 물의 존재를 결코 알 수 없는 것처럼요. 물고기는 원치 않은 사고 때문에 운 나쁘게 물 밖으로 나오기 전까지 물이 무엇인지를 절대 알 수 없어요.

이처럼 세계관은 우리가 자신을 포함해 존재하는 모든 것을 파악하게 만드는 렌즈와도 같기 때문에, 다시 말해 세상을 바라보고 이해하는 눈과도 같아서 우리의 행동에 막대한 영향을 미칩니다. 세계관의 차이를 극단적으로 보여 주는 재미있는 일화가 여러분이 익히 아는 《걸리버 여행기》에 나옵니다. 걸리버가 소인국에 갔는데 소인국이 두 나라로 나뉘어서 싸우고 있잖아요. 그런데 여러분은 싸움의 이유가 뭔지 기억하고 계시나요? 삶은 달걀을 어느 쪽으로 깨느냐에 대한 의견 차이였습니다. 왕자가 달걀을 깨다가 손을 다쳤다는 이유로 둥근 쪽으로 깰 것인가 아니면 뾰족한 쪽으로 깰 것인가를 두고 수십 년 동안 싸움이 벌어졌던 것이지요.

비슷한 사례로 결혼한 분들은 이런 우스갯소리를 합니다. 부부가 가장 치열하게 갈등하는 문제가 다름 아닌 치약을 어디부터 짜느냐

하는 문제라고요. (웃음) 덧붙여 화장실의 휴지를 바깥쪽으로 풀리게
거느냐 안쪽으로 풀리게 거느냐의 문제도 그에 버금가는 분란의 소지
라고요. 강연 때마다 왜 화장지를 그런 식으로 걸어야 하는지를 청중
들에게 묻는데요, 다들 확고한 이유가 있고 서로 좀처럼 양보하지 않
습니다. 논쟁을 붙였다가는 싸움이 나기 십상이죠. 그래서 요즘 집들
은 가정의 평화를 위해서 아예 화장실을 두 개씩 만드는 것 같습니다.
(웃음) 우스갯소리로 들리지만, 이렇게 세계관이 개입하면 계란 깨기,
치약 짜기, 화장지 걸기와 같은 작은 문제조차도 목숨을 앗아 가는 분
란의 소지가 될 수 있습니다.

이처럼 언뜻 보아 사소해 보이는 문제도 불화의 원인이 되는데, 삶
의 궁극적 목적이 다르다면 더 큰 갈등과 긴장을 불러일으킬 게 자명
하지요. 이 대목에서 종교가 중요해집니다. 앞서 말한 것처럼 삶의 궁
극적 의미는 우리 세계관의 핵심을 차지하는데, 이 물음에 결정적인
해답을 주는 종교가 서로 다르면 이는 세계관의 차이로 이어지고, 자
칫 심각한 문제를 야기할 수 있습니다.

우리 모두가 잘 알고 있는 히틀러와 예수의 예를 볼까요. 두 사람이
보여 준 행동의 차이는 극명합니다. 히틀러는 2차 세계대전 중에 600만
명에 달하는 유대인을 학살한 '홀로코스트holocaust'의 주역입니다. 반
면《성경》에 따르면 예수는 인류를 구원하기 위해 자신의 생명을 희생
해 십자가에 못 박혔다고 하지 않습니까. 이처럼 한 인간이 다른 인간
을 위해 자기 생명을 버리기도 하고, 다른 인간 600만 명을 죽이기도

해요. 두 사람의 사례는 인간의 세계관이 얼마나 광범위한 행동의 스펙트럼을 만들어 내는가를 보여 줍니다. 예수는 모두가 하느님의 아들딸로 동등하게 대우받아야 한다고 믿었고, 히틀러는 유대인이 열등한 민족으로 독일 민족에게 해를 끼친다고 보았어요. 이렇게 세계와 인간을 바라보는 관점, 즉 세계관의 차이가 행동의 차이를 만든 겁니다.

이 대목에서 세계관의 핵심을 차지하는 종교가 중요하게 부각됩니다. 즉, 삶의 궁극적 의미에 답을 주는 종교는 인간들의 관계에 결정적인 영향을 미칩니다. 특히 그 어느 때보다 상호교류가 활발해진 현대 사회에는 말할 것도 없지요. 예컨대 아프가니스탄에 이슬람 근본주의를 신봉하는 탈레반 정권이 들어서면서, 유네스코가 지정한 세계 문화유산 바미안 석불을 파괴한 일이 있습니다. 6세기경 만들어진 거대한 석불이었는데 이걸 2001년에 로켓탄으로 완전히 파괴시켰어요. 근본주의적 무슬림의 시각에서는 불교가 이교이기 때문에 그 상징을 그대로 두고 볼 수 없었던 거죠. 물론 모든 무슬림이 그렇다고 생각하면 안 됩니다. 이슬람 근본주의자들이 그런 일을 벌인 것이니까요.

비슷한 사례로 중세에는 많은 여성들이 마녀로 몰려서 죽었습니다. 얼마나 많은 수가 죽었는지 아직도 정확하게 알 수 없지만, 수백 년 동안 최소 수만 명이 죽었을 거라고 추정합니다. 숱한 여성들이 마녀라는 이름으로 고발당해 온갖 고문을 받았고 자백한 후에 끔찍한 죽음을 맞았다는 것은 역사적 사실입니다. 마녀라고 지목만 되면 그야말로 폭력적인 심판을 받았던 겁니다. 그래서 정당한 근거 없이 여러 사람이 어떤 사람을 비난하거나 핍박하는 현상을 요즘도 '마녀사냥'이라고 표현하고 있잖아요. 지금으로선 상상하기 힘든 일이지만, 이 역시 확고한 종교적 믿음에 입각해 발생한 사건들이지요.

전 세계에서 유례 없이 다종교가 공존하고 있는 우리나라에도 세계관의 차이에서 비롯되는 종교적 갈등은 있습니다. 대표적인 사례로 타 종교의 상징을 훼손하는 사건들이 있지요. 불교 재단이 설립한 한 사립대학에는 학교 중심에 큰 불상이 서 있습니다. 그런데 어느 날 다른 종교인이 불상에 빨간 페인트로 낙서를 해 놓은 일이 발생했어요. 훼손한 사람의 세계관에서는 이교의 상징이니 그런 일을 하는 것이 당연하고 심지어 칭찬받을 만한 일이겠지만 불교인 입장에서는 억장이 무너질 일이겠지요. 물론 소수의 사람이 한 일을 종교 전체의 문제로 일반화시키면 곤란하겠지만 어쨌든 종교적 확신 때문에 일어난 일임에는 분명합니다.

또 종교 때문에 빚어지는 가족 구성원 간의 갈등도 적지 않습니다. 그런 탓인지 우리나라 미혼 남녀들이 결혼 배우자를 선택할 때 고려하는 첫 번째 요인은 뜻밖에도 종교라고 합니다. 아마도 미혼 남녀들이 부부의 종교가 다를 경우 적지 않은 갈등이 생길 수 있다는 걸 직간접적으로 체험했기 때문일 거라 생각합니다. 종교가 그만큼 인간관계에 지대한 영향을 미친다는 점을 분명하게 보여 주는 사례겠지요.

한편 종교적 세계관이 세속적 세계관과 충돌하는 사례도 있습니다. 우리가 익히 알고 있는 종교와 과학의 갈등입니다. 인간이 단세포

예수는 모두가 하느님의 아들딸로 동등하게 대우받아야 한다고 믿었고,
히틀러는 유대인이 열등한 민족으로 독일 민족에게 해를 끼친다고 보았어요.
이렇게 세계와 인간을 바라보는 관점,
즉 세계관의 차이가 행동의 차이를 만든 겁니다.

생물에서 진화했다는 진화론은 세계가 창조되었다는 《성경》의 창조론과 충돌하기 때문에 공교육 기관에서 가르치면 안 된다고 주장하는 사람들이 여전히 존재합니다. 1925년에 미국의 테네시주에서 존 스코프스라는 교사가 학생들에게 진화론을 가르쳤다는 이유로 고소를 당해서 재판을 받고 벌금을 물었던 사건이 대표적이지요. '원숭이 재판'으로 유명한 사례입니다.

이런 여러 가지 이유 때문인지 요즘처럼 종교에 대한 비판이 강한 때가 없는 것 같습니다. 앞서 언급한 여러 현상들을 보고 종교 자체를 부정하려는 비판이 강하게 등장한 거지요. 종교가 인간의 행복에 도움이 되기보다 끊임없는 분란의 요인이 되니까 차라리 종교가 없어지면 인간들에게 더 유익할 거라는 견해마저 등장했고요. 그렇다면 종교는 정말 불필요한 것일까요?

• 종교는 없는 편이 낫다?

종교를 비판하는 현대적 목소리들을 자세하게 살펴봅시다. 《만들어진 신》이라는 책으로 세계적인 명성을 얻은 생물학자 리처드 도킨스는 인간이 신을 만들어 냈다고 주장합니다. 신이 인간과 세계를 창조한 것이 아니라, 오히려 신은 인간의 필요에 의해, 인간들이 삶의 위안을 받기 위해 만들어 낸 무엇이라는 겁니다. 그 근거로 신이 인간과 세계를 창조했다는 사실을 입증하기가 곤란하다는 점과 각 종교의 차이가 심하다는 것을 듭니다. 만약 신이 동일한 메시지를 줬다면 왜 이렇게 종교 간 편차가 심하고, 또 서로 갈등하느냐는 거죠.

크리스토퍼 히친스 역시 저서 《신은 위대하지 않다》에서 신은 자기 모순적인 존재라고 비판합니다. 신이라는 존재가 있다면, 신의 이름으로 어떻게 이렇게 불합리한 일들이 많이 자행되느냐는 겁니다. 예컨대 2차 세계대전에서 서로 싸웠던 유럽의 국가들은 대부분 기독교를 믿었습니다. 그러니 같은 신에게 한쪽에서는 연합군이 이기게 해 달라고 기도를 하고, 다른 쪽에서는 주축국이 이기게 해 달라고 기도를 했겠지요. 이 경우 신은 어떤 소원을 들어줘야 할까요? 기도를 더 열심히 한 나라를 이기게 만들어 줘야 하는 건가요? 이처럼 히친스는 같은 기독교 국가들끼리 전쟁할 때조차 신의 이름으로, 신의 가호를 빌면서 전쟁을 했다는 사실은 좀처럼 이해하기가 어렵다고 말합니다. 게다가 홀로코스트라는 끔찍한 비극을 포함해 동일한 종교를 가진 국가들이 서로 죽이는 걸 어떻게 전지전능한 신이 용납하고 내버려 둘 수 있느냐는 것이지요. 더구나 홀로코스트의 희생자였던 유대인은 스스로를 신이 가장 사랑하는 민족이라고 주장하지 않았던가요.

비판의 목소리는 두 사람의 주장에서 멈추지 않습니다. 무슬림 테러리스트들에 의해 세계무역센터가 파괴된 9.11테러처럼, 종교인들이 종교의 본질이라 주장하는 자비와 사랑을 실천하기는커녕 여러 가지 갈등을 극대화시키고 공동체를 더 큰 혼란에 빠트리는 경우를 우리는 많이 목도합니다. 종교의 이름으로 이루어지는 착취와 인권 유린 등도 그 사례를 찾아보기 어렵지 않고요. 일부 종교인들은 이중적인 삶의 행태들을 보여 주기도 하지요. 종교의 이상적인 가르침을 사리사욕을 채우는 수단으로 삼는 사건들도 심심치 않게 발견되니까요. 이런 상황에서 종교의 필요성과 가치에 대해 근본적인 물음이 제기될 수밖에 없습니다.

게다가 오늘날 대부분의 국가는 종교의 자유를 허락합니다. 국교의 개념이 사라진 것이지요. 그러니 한 종교가 더 이상 지배적인 영향력을 독점적으로 행사하기 힘들어졌습니다. 기독교가 유일한 종교였던 유럽 사회는 이미 굉장히 높은 수준으로 세속화된 지 오래고요. 이슬람 국가들을 제외하고는 종교는 우리에게 이미 선택의 대상이 되었으며, 이제 우리는 종교를 갖지 않을 자유마저 누립니다. 이런 상황에서 종교에 대한 비판과 비난의 목소리는 그 어느 때보다 커질 수밖에 없습니다. 그렇다면 정말 종교에 파국이 도래한 걸까요? 그리고 실제로 종교를 믿는 사람들은 현저하게 적어졌을까요?

흥미로운 통계 조사가 있습니다. 여론조사 기관인 퓨리서치센터[Pew Research Center]의 2012년 조사에 따르면 전 세계 인구 중에서 종교를 가진 사람은 84%입니다. 나머지 16%에도 종교는 없지만 무신론자가 아닌 사람들이 있을 테니 종교적 세계관을 가진 사람들은 84%를 넘을 가능성이 큽니다. 이 조사 결과는, 과학적 세계관의 힘이 그 어느 때보다 강해지고 여러 가지 이유로 종교에 대한 신랄한 비판이 이루어지고 있는 상황을 고려한다면 분명히 뜻밖입니다.

종교의 강한 생명력 역시 주목할 만한 부분이에요. 인간이 만들어 낸 조직 중에서 그 수명이 가장 긴 조직은 뜻밖에도 종교 조직입니다. 예수나 붓다를 직접 본 사람은 이 시대에 아무도 없지만 수천 년이 지난 지금도 그들이 남긴 가르침을 자기 삶의 귀감으로 삼는 사람들은 그 수를 헤아릴 수 없을 정도로 많습니다. 그분들의 가르침을 배우고 실천하려는 목적으로 구성된 종교 조직은 수천 년 동안 유지되어 왔고, 별다른 이변이 없는 한 앞으로도 오래 존속하리라 예상됩니다. 국제적 규모의 기업도 100년을 존속하기가 어려운데 말이지요.

이렇게 종교는 여러 가지 폐해에도 불구하고 사람들의 삶에 아직도 큰 영향을 미치고 있습니다. 왜 그럴까요? 이 대목에서 우리는 종교의 가치를 진지하게 묻지 않을 수 없습니다. 제가 보건대 여러 비판에도 불구하고 종교가 여전히 우리 곁을 떠나지 않는 데에는 충분한 이유가 있다고 생각합니다. 그 이유에 대해 제 나름의 견해를 피력해 볼까 합니다.

• 종교만이 줄 수 있는 것들

종교는 여전히 우리에게 종교가 아니고서는 도무지 얻을 수 없는 큰 위안을 주고 있습니다. 그 내용을 세 가지 측면에서 구체적으로 설명해 보지요.

　우선 종교는 죽음, 삶, 사후 세계와 같은 인간의 궁극적 물음에 해답을 제시합니다. 죽음의 문제를 예로 들어 볼까요? 그리스 신화가 얘기하듯 인간과 신의 가장 큰 차이는 불멸성의 여부입니다. 모든 인간은 태어나면서부터 죽어 갑니다. 모든 인간은 죽음을 피할 수 없어요. 그러니 인간은 삶의 어느 국면에서건 죽음의 문제를 직면할 수밖에 없습니다. 그런데 죽음이 무엇이고 죽음 다음에는 어떤 일이 벌어질 것인가를 직접적으로 답해 주는 것은 종교밖에 없습니다. 병원으로 상징되는 현대 의학은 어떤 분야보다 인간의 삶과 죽음의 문제를 직접적으로 다루지만, 그 과정에서 최선을 다해 삶을 연장시키려 할 뿐 죽음 이후의 문제에 답하려 들지 않아요. 결국 종교는 이 부분에서 독점적인 역할을 떠맡게 되는 것이지요.

　물론 여러 종교가 주장하는 사후 세계가 모두 진실이라고 주장하는 것은 아닙니다. 종교마다 사후 세계에 대한 이야기가 다를뿐더러 죽음 이후에 인간이 어떤 상태로 변화하는지에 대한 설명도 같지 않거든요. 그러나 종교라고 일컬을 수 있는 모든 전통은 죽음을 절대적인 끝이라고 여기지 않는다는 점에서 동일해요. 즉, 보이지 않는 차원은 보이는 세계에서의 삶이 끝난 이후에도 계속 이어진다고 주장하지요. 종교인지 아닌지 논란을 일으키는 유교조차도 우리의 죽음 이후에는 아무런 실체도 존재하지 않는다고 얘기하지 않아요. 제사의 사례에서 확인한 것처럼 말이죠.

불교를 비롯한 여러 종교 역시 인간이 거듭 지상 세계로 태어난다는 윤회輪廻를 역설합니다. 윤회론은 물질 차원에서의 삶이 끝나면 아무것도 남지 않는다는 유물론에 반대되는 대표적인 종교적 주장이에요. 만약 우리가 윤회론을 진지하게 받아들인다면, 그 사실 여부와 무관하게 죽음을 덜 두려워하게 될 겁니다. 영혼이 마치 배우처럼 지상에서 여러 역할을 맡게 된다는 윤회론의 주장은 이곳 지상에서의 삶에도 새로운 의미를 부여하겠지요. 종교는 바로 이런 방식으로 교리를 수용하는 사람들에게 죽음의 의미뿐만 아니라 삶의 의미를 명확하게 가르쳐 준다는 겁니다.

'로고테라피logotherapy'라는 심리치료법을 창안한 오스트리아 출신의 정신분석가 빅터 프랭클은 유대인으로 2차 대전 중에 나치의 수용소에 갇혔습니다. 그는 거기에서 아내를 포함해 일가친척의 대부분을 잃는 비극을 겪었어요. 후일 그는 수용소의 경험을 통해 인간 삶에서 가장 중요한 요소가 '의미'라고 보고, 의미를 찾지 못하면 삶이 유지될 수 없다고 주장합니다. 죽음과 삶의 의미를 발견하는 사람은 언제 죽을지 모르는 수용소에서조차 주변의 아름다움을 발견하고, 근본적인 낙천성도 잃지 않고, 특히 죽음과 삶을 의연하게 받아들이더라는 거죠. 그는 또 삶의 근본적인 의미는 신과 같은 초월적 차원, 혹은 종교적 차원과 연결될 때에만 제대로 된 힘을 준다고 말해요. 그에게 심리치료란 삶의 의미를 잃어버린 사람들에게 그것을 되찾게 해 주는 작업이었습니다.

요컨대 종교는 우리에게 삶과 죽음의 의미를 알려 주는 기제입니다. 삶의 의미를 어떤 식으로든 굳건하게 발견하고 있는 사람과 그렇지 못한 사람은 삶의 구체적인 정황, 특히 쉽사리 해결할 수 없는 어려움에 처했을 때 다른 행동을 보이겠지요. 물론 사후 세계에 대한 종교 교리의 진실 여부가 확증이 어렵다는 점은 거듭 언급되어야겠지만 적어도 교리를 진실이라고 받아들이는 사람에게는 진실과 같은 효력을 주는 것은 분명합니다.

종교는 또한 눈에 보이는 세계가 더 확장된 차원과 연결되어 있다는 가르침을 전해 줌으로써 우리에게 통합적인 관점을 갖도록 만듭니다. 종교는 눈에 보이는 세계가 다가 아니며, 눈에 안 보이는 더 큰 차원과 우리가 연결되어 있고, 그 속에서 개별적인 존재들이 서로 연결되어 있다고 주장하기 때문이죠.

이런 입장에 서면 하늘, 땅, 바다와 같은 자연, 그리고 자연 속의 생명체들을 나와 무관한 존재로 바라보기 어렵습니다. 혹시 티베트에 대한 영화를 본 적 있나요? 티베트 사람들은 집의 기초공사를 할 적에 집터의 벌레들을 모두 찾아내어 한쪽으로 치운답니다. 또 그 터의 풀을 뽑아내는 것에 대해서도 미안하고 감사한 마음을 가진다고 해요. 아무런 절차 없이 터 닦기를 하는 현대인들의 태도와는 사뭇 다르지요. 이와 비슷하게 북아메리카 인디언들 역시 짐승을 사냥해 먹기 전에 항상 감사의 기도를 한대요. 네가 죽어서 나를 살리니 감사하고, 죽어서 좋은 데로 가길 바란다고요. 〈늑대와 춤을〉 같은 영화를 보면 잘 묘사돼 있어요. 이런 세계관을 지닌 북미 원주민들은 백인들이 단지 뿔과 가죽을 위해서 수천 마리의 들소를 학살하는 것을 도무지 이해할 수 없었을 겁니다.

수운水雲 최제우가 창시한 동학의 가르침에는 '이천식천以天食天'이라는 말이 있어요. 하늘이 하늘을 먹는다는 말이지요. 무슨 뜻인가 하면, 지상 세계의 모든 것이 궁극적 존재인 하늘 혹은 한울님이 변화된 것이므로 먹는 주체나 대상이나 모두 한울님이라는 의미입니다. 그러니 내가 무엇을 먹을 때는 당연히 감사하는 마음을 가져야겠지요. 만약 우리가 이런 세계관을 가진다면 음식을 남기기도, 다른 동물들을 함부로 살육하기도 어려울 겁니다. 우리가 먹기 위해 가축들에게 온갖 약물을 투입하고 학대하는 일 역시 힘들 거고요.

종교는 자연과 생명체뿐만 아니라 무생물도 존중하는 태도를 가지라고 조언합니다. 그럴진대 다른 사람들에게 취해야 할 태도는 자명하겠지요. 지식이나 재산의 많고 적음, 계층의 높고 낮음, 직업의 귀천, 성별이나 연령 등의 이유로 남들을 차별해서는 안 됩니다. 예수는 심지어 자신에게 해를 끼친 원수마저도 사랑하라고 주장했지요. 붓다 역시 자비로움을 인간이 실천해야 할 가장 중요한 윤리 덕목으로 꼽았습니다. 공자가 너그러움(仁)을 으뜸가는 덕목으로 삼았던 것도 잘 알려져 있고요. 종교는 우리가 이렇게 해야 되는 이유를 모든 존재가 하나로 연결되어 있다는 사실에서 찾습니다. 이 점에서 이른바 세속적 윤리관과는 궤를 달리해요. 다시 말해 종교는 우리 개개인이 타인과 자연, 나아가 보이지 않는 차원과 연결되어 있다는 존재론적 관점에서 자연과 타인에 대한 존중을 강조하는 것이지요.

나아가 종교 전통들은 더 큰 차원과의 '하나됨'을 그저 교리적인 차원에서만 강조하지 않고 개인이 직접 인식하게 만드는 여러 가지 방법들을 발전시켜 왔습니다. 종교 전통이 강조하는 기도나 명상이 대표적이에요. 이렇게 구체적인 수행을 통해 우리는 자신이 그저 분리된 개체적 존재가 아니며 더 큰 차원에서 타인을 비롯한 자기 아닌 것들과 연결되어 있다는 통찰을 내면에서 발견할 수 있다는 것이지요.

더 큰 차원에서 우리가 하나라는 종교의 가르침은 자연스럽게 공동체 의식을 키웁니다. 구성원들에게 하나라는 소속감과 확고한 정서적 안정감을 주고요. 이런 공동체 의식은 내부 성원들이 서로를 적극적으로 돕는 결과를 낳게 됩니다. 오늘날처럼 개인주의가 심화되고 가족마저 해체되는 힘겨운 상황에서 더불어 살아갈 것을 강조하는 종교가 새삼 각광받는 것도 놀랄 일은 아닙니다. 사랑과 자비와 같이 타인에게 너그러울 것을 강조하는 종교적 가르침이, 개인들을 행복하게 만들고 공동체를 결합시키는 윤리적 규범으로 재조명되는 것도 당연한 일이고요.

하지만 종교는 삶과 죽음의 궁극적 의미를 제시하고, 우리가 더 큰 차원에서 하나라는 사실을 그저 교리적으로 이해시키는 데에 만족하지 않고 삶 속에서 실천할 것을 강조합니다. 특히 종교의 창시자를 포함해 모범적인 종교인들은 누구보다 자신의 구체적인 삶을 통해 우리가 가야 할 바를 명확하게 보여 주지요.

예수는 말 그대로 타인을 위해 희생하는 삶의 아름다움을 우리에게 증언합니다. 예수가 실천한 사랑은 우리를 감동시키고, 그와 같은 사람 가까이에 다가가고 싶도록 만들어요. 그 점에서 예수는 '치명적인' 매력을 소유한 사람입니다. 붓다가 자신의 삶을 통해 몸소 보여 준 의연한 용기와 지혜는 우리 모두가 자신의 삶 속에서 발견하고 구현하고 싶은 덕목이지요. 자신의 욕망을 비롯해 어떤 것에도 휘둘리지 않는 의연함은 우리가 쉽사리 달성하기 어려운 삶의 태도지만, 붓다나 예수의 삶은 그 모습을 우리에게 그저 이상이 아닌 실천 가능한 무엇으로 바꾸어 줍니다.

종교적 가르침에서 비롯된 비범한 삶의 모습에 감동받지 않기란 참 어렵잖아요. 종교적 가르침을 실천한 삶의 모습은, 불확실하기 그지없고 필연적으로 죽을 수밖에 없는 인간에게 삶의 방향성과 살아갈 용기, 그리고 의연함을 동시에 제공합니다. 바로 이런 점들 때문에 종교의 부정적인 모습에도 불구하고 우리는 여전히 종교에 강력하게 끌리는 것 같아요.

그럼에도 불구하고 한 가지 의문은 여전히 남습니다. 만약 종교가 보이지 않는 차원의 존재를 주장함으로써 우리에게 의연함과 위안을 준다면, 그 위안이라는 게 죽을 수밖에 없는 인간들의 연약함이 만들어 낸 허구에 불과한 것은 아닐까요? 다시 말해 우리의 나약함이 죽음 이후의 세계라는 실제로는 있지도 않은 위안거리를 만들어 내고,

종교가 그 명맥을 유지하게 만드는 유일한 원인일까요?

• 보이지 않는 세계는 상상의 산물일까?

'종교가 강조하는 눈에 보이지 않는 차원이 실재하는가'라는 질문은 논란을 가장 많이 불러일으키는 물음 중 하나입니다. 모두가 받아들일 수밖에 없는 방식으로 확실하게 입증된다면 종교를 믿지 않을 사람이 없을 것이고, 종교 전통별로 사후 세계에 대한 설명이 다른 점 역시 명료하게 해소되겠지요. 그러나 어떤 식으로도 입증할 방법이 없다면, 종교는 인간들이 만들어 낸 창조물에 불과하다는 비난을 피하기 어려울 겁니다.

즉, 사후 세계가 그저 받아들여야 할 믿음의 대상에 불과하다면 영혼의 존속을 포함한 보이지 않는 차원에 대한 이야기 대부분은 종교인들만 받아들이는 일종의 게임 규칙과도 같겠지요. 축구의 규칙이 농구에 적용되지 않는 것처럼 종교를 믿겠다고 결심한 사람들에게만 유효한 규칙이요. 그리고 코끼리를 믿는 사람한테만 코끼리가 보이고 안 믿는 사람이나 코끼리를 아예 모르는 사람들에게는 안 보인다면 이건 코끼리가 허상이라는 말과 다름없잖아요. '인도에는 코끼리가 있다'라는 주장은, 코끼리를 본 사람은 물론이거니와 안 본 사람에게도 통용되어야지만 코끼리의 실재성이 담보되는 거지요.

기독교, 이슬람, 불교와 같은 종교들이 모두 사후 세계를 주장한다는 점에서는 같지만 세 전통이 묘사하는 사후 세계의 모습은 사뭇 다르죠. 그것을 누구도 부정할 수 없는 방식으로 보여 줄 수 없다면 종교 전통의 주장이라는 게 결국에는 문화적으로 만들어진 것에 불과하다는 비판을 피하기 어렵습니다. 물론 거개의 종교가 육체적 죽음 이후의 세계에 관해 논의를 하고 있다는 점은 분명합니다. 그 사실이 곧바로 보이지 않는 차원의 실재성의 증거로 활용되면 논리적 비약이겠지만요.

이 대목에서 조금은 생뚱맞지만 아주 흥미로운 인간 경험의 한 유형을 고려할 필요가 있습니다. 그건 바로 '임사臨死체험' 혹은 '근사近死체험'이라 부르는 경험입니다. 눈에 보이지 않는 차원 혹은 죽음 이후의 세계를 체험했다는 주장과 관련된 경험이 바로 임사체험입니다. 임사체험은 완전히 죽었다는 것은 아니고, 말 그대로 죽음에 가까이 다가간 체험입니다. 살아 있는 사람이 죽음 너머의 세계를 힐끗 엿보고 다시 이쪽 세계로 확 돌아왔다는 얘기입니다. 이 단어는 미국에서 1970년대에 처음으로 만들어졌어요.

뜻밖에도 이 체험은 과학기술의 발달에 힘입어 본격적으로 등장했습니다. 2차 대전 이후에 경기 활황으로 미국에 자동차가 널리 보급되면서 교통사고 역시 크게 늘어납니다. 교통사고는 남녀노소를 가리지 않지요. 덧붙여 이 시기에 심폐소생술을 비롯한 의료 기술도 크게 발달합니다. 이 두 원인이 결합하면서 혼수상태에서 의식을 회복하는 환자가 많이 생겼어요. 그러면서 이상한 얘기를 하는 사람들이 나타나기 시작합니다. 예컨대 "선생님, 제가 죽어서 제 몸 밖에 나갔는데요, 이상한 곳에 갔다가 여차여차해서 다시 몸속으로 돌아왔어요"와 같은 말들요. 처음에 의사들은 환자들이 갑작스러운 사고 때문에 의식이 정상적이지 않은 상태에서 하는 헛소리들로 생각했죠. 그런데 이런 보고가 많아지고, 응급 상태에서 깨어난 환자들이 남녀노소, 종교의 여부, 지적인 수준 등을 불문하고 자꾸 같은 얘기를 하니까 이 현상에 대해 보다 진지한 관심을 기울이는 의사들이 생겨났습니다. 엘리자베스 퀴블러-로스, 레이먼드 무디와 같은 의사들이 자신들이 직접 들은 사례에 자극받아 동료 의사들로부터 전해 듣게 된 사례들까지 더 모았고 그것을 엮어 책으로 냈죠.

책이 출간되고 난 후에는 미국 전역에서 유사한 체험담이 폭발적으로 쏟아져 나왔고 임사체험이라는 용어는 미국을 휩쓸게 됩니다. 그래서 지금껏 이 분야의 책들은 이미 적지 않게 출간된 상황입니다. 우리나라에도 《사후생》, 《죽음과 죽어감》, 《인생 수업》과 같은 퀴블러-로스의 책을 포함해 무디의 《삶 이후의 삶》과 같은 책들이 번역되어 있습니다.

이 책들에 따르면 대부분의 임사체험자들은 이런 식으로 자신의 체험을 묘사합니다. 우선 사고의 갑작스러운 충격으로 인해 또 다른 자신이 몸 밖으로 빠져나가 자신의 몸을 외부에서 볼 수 있게 됩니다. 그렇지만 살아 있는 사람들은 몸 밖으로 나온 자신을 보지도 느끼지도 못합니다. 또 벽을 통과하거나, 생각하는 장소에 곧바로 가 있는 등 현실 세계와는 다른 시공 개념의 적용을 받게 됩니다. 어느 시점에 이르면 좁고 어두운 터널을 통과해서 그 끝의 밝은 곳으로 나가게 됩니다. 터널의 끝에는 먼저 죽은 지인이나, 예수 혹은 부처와 같은 종교적 인물 등이 나타나 그 사람을 반겨 줍니다. 그리고 사랑이 넘치는 대화를 통해 아직 완전한 죽음을 맞을 때가 아니니 돌아가라는 말을 듣고 갑작스럽게 육체로 돌아오게 됩니다.

죽었다 살아난 사람들의 이야기는 1970년대 이후 미국에서뿐만 아니라 실제로 거의 모든 문화권에서 발견됩니다. 흥미롭게도 그리스의 철학자인 플라톤은 《국가》라는 책에서 '에르'라는 병사의 얘기를 전합니다. 에르는 전쟁터에 나가서 부상을 입고 의식을 잃었는데 죽었다고 오인되어 내버려졌습니다. 그런데 고향으로 되돌아와 자신이 죽은 후에 저쪽 세상을 보고 왔다고 얘기해요. 물론 대부분의 후세 사람들은 플라톤이 윤리적인 삶을 강조하기 위해 사후 세계에 대한 신화적인 얘기를 꾸며 냈다고 생각해 왔습니다.

한편 임사체험을 묘사한 것처럼 보이는 유명한 그림도 있습니다. 히에로니무스 보쉬라는 중세 네덜란드의 화가는 16세기에 〈축복받은 자의 승천Ascent of the Blessed〉이라는 그림을 그렸습니다. 이 그림은 천사들이 죽은 사람을 데리고 어두운 터널을 통과해 저승으로 가는 장면을 묘사하고 있습니다. 터널 끝에는 어렴풋하게 그려진 흰 옷을 입은 인물이 기다리고 있고요. 임사체험이라는 개념이 일반화되기 전에 그 그림은 보쉬의 상상이 만들어 낸 산물이라고 여겼어요. 그런데 임사체험이 본격적으로 보고되면서 이 그림은 새로운 관점에서 조망되기 시작했습니다. 자신이 직접 체험했거나 아니면 믿을 만한 주변 사람의 체험담을 실제로 전해 듣고 그리지 않았을까 추측하게 된 것이지요.

물론 임사체험이 실제로 개인에게 일어난 일인지, 그리고 그들이 경험한 내용이 보이지 않는 차원의 실재성을 증언하는지 여부를 객관적으로 확인할 방법은 없습니다. 다만 체험의 실재성이나 내용의 사실성 여부를 떠나 우리가 주목할 만한 점은 임사체험이 체험자의 삶을 그야말로 극적으로 바꾼다는 사실입니다.

임사체험자들은 '귀환'한 뒤 다음과 같은 공통점을 보입니다. 우선 그들은 무엇보다 체험을 하기 전보다 죽음 자체를 덜 두려워하게 됩니다. 대부분의 체험자들에게 임사체험은 예기치 않았지만 잊지 못할 강렬한 기억으로 남습니다. 그리고 그들은 육체가 존재의 전부라고 생각하지 않게 됩니다. 무엇이라고 부르든지 간에 임사체험을 통해 비물질적인 실체로서의 자기를 경험하기 때문이죠. 다시 말해 비물질적 실체로서의 자기 정체성을 체험적으로 알게 되었다고 주장합니다. 이걸 영혼이라고 부르는 체험자들도 있지만, 어쨌든 자신이 육체 이상의 존재라는 점을 알았다는 거예요. 그런데 이런 주장이야말로 앞서 살펴본 바 대로 모든 종교의 핵심입니다. 즉, 인간은 눈에 안 보이는 차원에서 육체 속으로 들어왔다가 때가 되면 육체를 벗고 돌아간다는 사상 말입니다. 만약 우리가 이 과정을 여러 번 되풀이한다면 윤회가 되겠지

축복받은 자의 승천 Ascent of the Blessed   히에로니무스 보쉬, 1490~1516

요. 체험을 통해 이런 앎을 얻었다면 그들의 삶이 달라질 수밖에 없지 않을까요?

또 임사체험자들은 체험 이후에 종교를 비롯해 영적인 문제에 큰 관심을 가지게 되었다고 보고해요. 종교적인 사람이 되는 것이지요. 형이상학과 같은 보이지 않는 차원을 탐구하는 데에 많은 시간을 들이기도 하고요. 그렇지만 이런 경향이 이미 제도적으로 정립된 종교 조직에 참여한다는 의미는 아닙니다. 그것보다는 종교 일반, 혹은 보이지 않는 차원에 대한 폭넓은 관심을 표명한다는 뜻에 가깝습니다.

임사체험이라는 드문 인간 경험을 소개함으로써 제가 강조하고 싶은 점은 인간 경험들 중에는 아직도 우리가 그 전모를 확실하게 알 수 없는 유형의 체험이 존재한다는 사실입니다. 보이지 않는 차원에 대한 얘기가 그저 현실적인 유용성이나 인간의 나약함 때문에 만들어진 환상의 체계라고 단정하기보다는 인간의 실제 체험을 통해 확인될 수도 있다는 가능성을 조금 더 열어 둘 필요가 있지 않을까요? 임사체험자들은 보이지 않는 차원을 직접 경험할 수 있다고 믿으며, 또 그 체험이 그들의 삶을 극적으로 변화시켰다는 사실은 분명해 보이니까요.

• 표층종교에서 심층종교로

종교만의 고유한 가치와 의미가 있고, 보이지 않는 차원에 대한 종교적 주장이 그저 인간의 나약함 때문에 만들어진 것이 아닐 수도 있다는 점을 임사체험을 통해 살펴보았습니다. 이처럼 나름의 가치도 있고 또 개인적인 체험을 통해 그 실재성이 확인될 가능성도 있는데, 왜 이렇게 종교가 문제로만 취급받게 되었을까요? 그 이유를 표층종교와 심층종교라는 개념을 통해 짚어 보도록 하지요. 이 개념들은 고정불변의 단일한 실체로 보이는 종교가 실제로는 그 층위에 따라 매우 다른 성격을 띨 수 있다는 견해를 반영하고 있어요.

표층/심층이라는 말은 껍데기와 속살을 뜻합니다. 다시 말해 종교에는 껍질의 차원인 표층종교가 있고, 더 발전해 종교의 참된 성격을 드러내는 심층종교가 있다는 의미예요. 동일하게 보이는 대상이 시간이 경과함에 따라 달라질 수 있다는 것입니다. 마치 사과가 설익었을 때에는 시큼한 맛을 내지만 잘 익게 되면 달콤한 풍미를 주는 것처럼요. 요컨대 변화와 발달의 개념을 수용하는 관점입니다. 《성경》에는 다음과 같은 구절이 있어요. "내가 어렸을 때에는 말하는 것이 어린아이와 같고 깨닫는 것이 어린아이와 같고 생각하는 것이 어린아이와 같다가 장성한 사람이 되어서는 어린아이의 일을 버렸노라."(《고린도전서》 13장 11절) 이 구절은 어른이 되면 어린아이 적의 일을 버리라는 얘기입니다. 어린아이들의 미성숙한 단계가 경험과 지식이 쌓인 성숙한 단계로 발전해 나가기 마련이므로 적극적으로 달라지라는 의미겠지요.

마치 우물 안의 개구리가 우물 밖에 나가 상상하지 못했던 새로운 세계를 직접 보고 더 넓은 세계관을 갖게 되는 것처럼, 종교 생활 역시 시작할 때는 초보적이고 표층적인 차원에서 출발하지만, 시간이 갈수록 점점 발전하고 확장되어야 해요. 이렇게 되면 자연스럽게 경전의 이해 방식, 인간과 신에 대한 이해 등도 따라서 확장되겠지요. 그러니 끊임없이 변화하면서, 더 온전하고 폭넓은 관점을 갖게 되는 것은 표층/심층 개념에 비추어 볼 때 당연할 겁니다.

그렇다면 심층종교로 변화했다는 걸 우리는 어떻게 알 수 있을까요? 다른 말로 심층종교의 특성은 무엇일까요? 심층종교는 개인적인 이익이 아니라, 참된 나의 정체성과 존재의 본질을 깨닫는 걸 목표로 삼습니다. 또 이 과정에서 지적, 정신적 성숙을 반영하듯 경전을 보다 확장된 관점에서 유연하게 해독합니다. 종교 생활이 심층적 차원으로 깊어지면서 확장된 세계관을 가지게 된다면, 자연스럽게 상호 존중에 기초해 타인과 평화롭게 공존하는 삶의 방식을 선택하게 되겠지요. 이렇게 볼 때 심층종교인을 특징짓는 가장 큰 징표는 종교 전통이 금과옥조로 여기는 경전을 다차원적으로 해석하는 태도라고 볼 수 있습니다.

경전을 문자 그대로 이해하는 것과 더 깊은 차원을 발견해 가는 방식을 아담과 이브 신화를 통해 살펴봅시다. 아담과 이브 신화는 한 번쯤 들어 보셨죠? 신화에 따르면 하느님이 천지를 창조하고 인간을 만들어서 에덴동산이라는 파라다이스에 집어넣어 놨어요. 아담이 혼자 외로울까 봐 갈비뼈 하나를 빼서 이브를 만들었죠. 그리고 에덴동산에 선악을 알게 하는 지혜의 나무와 따 먹으면 영원히 살게 되는 생명의 나무 두 그루를 만들어 놓습니다. 그리고는 아담과 이브에게 신이 말해요. "이 동산에 있는 나무 열매는 무엇이든지 마음대로 따 먹어라. 그러나 선과 악을 알게 하는 나무 열매만은 따 먹지 말아라. 그것을 따 먹는 날, 너는 반드시 죽는다."(《창세기》 2장 16~17절)

그런데 뱀의 유혹에 넘어간 이브가 아담을 부추겨 함께 열매를 먹습니다. 그런 뒤에 서로 부끄러워하면서 자신들의 성기를 가렸다고 합니다. 따 먹으면 신처럼 눈이 밝아진다는 지혜의 열매를 따 먹었는데 처음으로 알게 된 것이 성性적 부끄러움이라는 거예요. 조금 이상하지 않나요? 신이 인간을 남성과 여성으로 나누었기 때문에 생식이라는 게 가능하잖아요. 그런 성을 악惡이나 혹은 부끄러운 그 무엇으로 보는 게 조금 이상하지요. 그럼 이 얘기를 어떻게 해석해야 할까요? 다시 말해 아담과 이브가 지혜의 열매를 따 먹고 성을 알게 되었다는 것은 무슨 의미일까요?

《성경》에서는 신의 뜻을 거부한 이 행위를 최초의 죄라고 불러요. 이로 말미암아 인간이 에덴동산에서 쫓겨났으니까요. 그런데 유대교와 기독교의 일부 전통에서는 이 사건을 액면 그대로가 아닌 보다 상징적인 방식으로 해석합니다. 지혜의 열매가 알게 해 준 성은 인간이 이원성을 알게 된 사건을 의미한다는 겁니다. 본디 성을 의미하는 'sex'라는 단어는 라틴어 'sexus'에서 유래했습니다. 라틴어 sexus는 나뉨separation을 의미합니다. 다시 말해 분리를 뜻한다는 것이지요. 인간의 성은 이원적인 분리의 가장 대표적인 사례입니다. 아담과 이브가 지혜의 열매를 따 먹은 후의 사건은 마치 우리가 사춘기 이전에는 남녀 차이를 잘 모르다가 이차성징이 나타나는 시기에 성의 차이를 분명하게 인식하고 부끄러워하게 되는 것과도 상통해요.

아담과 이브의 이야기는 성의 분리를 비롯한 많은 이원성의 등장을 함축하고 있습니다. 선악과를 따 먹은 후 두 사람은 에덴동산에서 쫓겨납니다. 이는 신과 인간이 함께 어우러져 살던 세계가 신과 인간의 세상으로 각기 분리되었음을 의미해요. 또 파라다이스에서 쫓겨난 인간은 노동을 해야 합니다. 옛날에는 자연이 인간을 그저 보살펴 주었다면 지금부터는 자신의 노동력을 투입하지 않으면 먹고살 수 없어요. 이 점에서 자연과 인간 역시 분리됩니다. 이제 이브는 출산을 하지요. 그건 부모와 자녀 세대가 나뉜다는 거예요. 동시에 삶과 죽음도 분리되었다는 것을 의미해요. 지혜의 열매를 따 먹는 결과가 '죽음'일 거라고 신이 선언하지 않았습니까. 부모는 자식을 낳고 죽을 수밖에 없는 존재가 되었으니까요. 이렇게 보면 지혜의 열매는 이원성이 등장하는 사건을 상징합니다. 신과 인간, 남자와 여자, 자연과 인간, 부모와 자식, 삶과 죽음, 선과 악이 나뉘게 된 것이지요.

'죄'라는 것에 대해서도 생각해 볼 필요가 있습니다. 죄는 저지르지 말아야 할 것 혹은 금지된 행위를 뜻합니다. 도덕적으로 나쁜 것이자 처벌을 받아야 하는 것이지요. 그런데 기독교의 신은 전지전능全知全能하고 무소부재無所不在한 존재예요. 이건 기독교 전통이 주장하는 신의 본질적인 특징입니다. 신은 무엇이든 할 수 있고 모든 것을 다 안다는 뜻이지요. 또 신이 거하지 않는 곳은 없다는 의미입니다. 그런 신이 에덴동산에 생명의 나무와 지혜의 나무를 심고, 유혹의 주체인 뱀과 이브도 만들어 놓습니다. 아담과 이브가 열매를 따 먹는 사건이 일어날 것을 신이 몰랐거나 막을 수 없었다는 것은 논리적으로 말이 안 되죠. 그렇다면 모든 것을 다 알고 무엇이든 할 수 있다는 신의 전지전능은 무슨 의미일까요? 아담과 이브가 지혜의 열매를 따 먹는 사건과 신의 전지전능함은 어떻게 합치될 수 있을까요?

또 한 가지 의문은 '왜 아담과 이브는 애초에 영생의 열매를 따 먹지 않았을까'라는 것입니다. 물론 답이 《성경》에 이미 나왔는지도 모릅니다. 신은 처음부터 아담과 이브를 영생의 존재로 만들었을 테니까요. 신과 더불어 에덴동산에 사는 아담과 이브가 죽음을 맞이한다는 것은 이상하잖아요. 어쨌든 불복의 결과로 죽어야 하는 존재가 된 아담과 이브에게 남은 과제는 생명의 나무 열매를 먹고 영생을 얻는 일로 그려집니다. 그런데 영생의 열매는 어떻게 얻을 수 있을까요?

구스타프 클림트가 그린 〈생명의 나무The Tree of Life〉라는 그림을 보면 나무 옆에서 남자와 여자가 꼭 끌어안고 있습니다. 이건 뭘 의미할까요? 이원적으로 분리된 모든 것들이 다시 하나로 합해진다는 걸 보여 줍니다. 즉, 분리된 것이 다시 결합할 때 불멸성이 얻어진다는 얘깁니다. 신과 인간, 자연과 인간, 남자와 여자, 삶과 죽음, 선과 악이 결합되어야 이원적 대극對極을 초월한 시원始原적인 하나됨이 회복된다는 의미일 거라 생각합니다. 그러니 성sex이라는 건 나누는 행위와 함께 그 분리를 없애는 재결합을 동시에 의미하는 역설적인 단어이지요.

이런 관점에서 보자면 분리는 결코 있어서는 안 되는 행위가 아니며 재결합하는 행위 역시 절대선일 수 없습니다. 애초에 분리라는 게 없으면 그렇게 칭송받고 갈구하는 재결합의 행위마저도 아예 불가능할 터이니 말이지요. 이 점에서 아담과 이브의 이야기는 모든 종교가 반복해서 설명하는 분리와 결합이 한데 어우러져 엮어 내는 우주적 드라마를 얘기하는 것인지 모릅니다. 인간이 신으로부터 멀어졌다가 다시 신의 품으로 돌아가 안긴다는 얘기 말이지요.

이 맥락에서 신약《성경》의 〈루가복음〉 15장에 나오는 '돌아온 탕자'의 비유도 더 명확하게 이해될 수 있을 거라 봅니다. 아버지 품을 한 번도 떠난 적 없이 그저 순종만 했던 아들보다 품을 벗어나 부자관계를 철저하게 망각한 채 방탕하게 살다가 진심으로 반성하고 되돌아와 품에 안긴 아들이 도리어 더 귀할 수도 있다는 것이지요. 이렇게 볼 때 아버지 품을 떠나는 행위는 오히려 나쁘다는 의미에서의 죄라기보다는, 원래의 완벽한 상태로 되돌아가게 만드는 사건이자 덜 완벽한 상태를 만들어 내는 꼭 필요한 사건이 아니었을까요?

이런 견해는 다른 종교에서도 등장합니다. 인도 종교 전통의 요가yoga라는 단어 역시 '결합하다'라는 의미의 산스크리트어 'yuj'에서 온 말이에요. 즉, 요가란 눈에 보이는 차원과 보이지 않는 차원을 비롯해 신과 인간 등 이원적 분리를 결합하는 종교적 수행 방법을 의미합니

생명의 나무 The Tree of Life 구스타프 클림트, 1909

다. 동시에 신과 인간은 둘이 아니고 하나라는 '범아일여梵我一如' 선언
이 뒤따르지요. 불교에서도 오랜 수행을 거쳐 우리가 인식해야 할 가
장 중요한 내용은 색色의 세계와 공空의 세계가 둘이 아니라는 점이에
요. 동시에 현상적으로 분리된 것처럼 보이는 너와 나 역시 둘이 아니
고요.

어떤 해석이 올바른지 확증할 수는 없습니다. 어차피 텍스트의 해
석은 개인적인 문제이니까요. 다만 예전에 읽었던 책을 다시 읽으면서
새로운 의미를 발견하게 되는 것처럼 경전에 내포된 깊은 의미의 층위
가 시간이 지날수록 더 풍부하게 발견될 것은 분명합니다. 그러므로
시간의 흐름, 나와 세상의 변화를 무시한 채 경전을 있는 그대로 사실
이라고 여기는 태도는 자연스럽지 않습니다. 경험과 지식이 깊어질수
록 그에 비례해 경전에서 풍부한 의미를 찾아내고, 그런 확장된 앎을
통해 다르게 행동하는 사람이 되어야 할 겁니다. 그 점에서 유연하고
다층적인 경전의 해석과 이해는 심층적 종교의 가장 뚜렷한 징후가 되
겠지요. 이처럼 심층종교는 표면적 의미가 아닌, 보다 깊고 넓은 해석
의 유연성을 찾아내는 일에 기반을 두고 있습니다. 그렇게 할 경우에
만 경전은 캐낼수록 더 많은 것들을 드러내는 보고가 될 거예요.

요즈음 종교가 새삼 문제로 부각되는 것은 바로 이 대목이 아닐까
요? 종교인들조차 표층적 종교가 종교 생활의 전부인 것처럼 받아들
이고, 비종교인들은 표층종교의 부정적 모습을 종교의 전체인 양 오해
해서 종교를 부정하게 되는 거지요. 예컨대 자신의 경전 이해에 대한

확신 때문에 타인들을 함부로 재단하는 사람, 시대적 변화에 걸맞지 않게 문자 그대로의 경전 이해를 강요하는 사람은 표층적 종교인일 겁니다. 또 종교의 표층적 층위를 종교의 모든 것으로 선언해 아예 종교를 폐기할 것을 요구하는 것은 마치 아이를 목욕시킨 후 목욕물을 버리려다 아이까지 버리는 것과 같아요.

모든 개인에게는 자신만의 발달 방식이 있듯이 종교 생활 역시 고유한 발달 경로를 밟아 완성으로 가야 할 겁니다. 또 누구나 표층에서 시작하겠지만 열린 마음을 가지고 있다면 자연스럽게 심층으로 발달해 갈 거예요. 표층에서 심층으로, 어린아이에서 성인으로 성장하는 과정을 인위적으로 막으면 마치 어린아이의 옷을 다 큰 성인에게 억지로 입히는 것처럼 답답하고 힘든 상황이 발생할 겁니다.

• 종교와 행복

요즈음 종교학자로서 안타까움을 느낄 때가 많습니다. 종교는 앞서 살펴본 것처럼 고유의 의미와 가치를 가지고 있습니다. 하지만 종교의 장점이 잘 구현되기 위해서는 균형 감각이 중요하다고 봅니다. 날카로운 칼이 편리함과 함께 자칫 사람들에게 상처를 줄 수 있는 것처럼 종교 역시 양날의 칼과 같습니다. 즉, 종교에서 우리는 삶의 의미를 발견하고, 어떤 어려움도 이겨 낼 수 있는 힘을 발견할 수 있습니다. 나아가 타인과 더불어 사는 이상적인 공동체를 꾸릴 수도 있습니다. 그러나 균형을 잃으면 종교는 나와 주변 사람들의 삶을 망가뜨릴 수도 있습니다. 그렇다면 어떻게 해야 종교 생활에서 균형을 잡을 수 있을까요?

우선 삶이 여러 차원의 변화 없이 불가능하다는 사실을 받아들여야 합니다. 불확실한 세상을 살아갈 수밖에 없는 우리에게 종교가 버팀목과 같은 굳건한 믿음을 주는 것은 분명합니다. 그러나 그 확신이 변화를 받아들이지 않는 것이어서는 곤란합니다. 경전을 문자 그대로 해석하는 태도가 대표적인 사례이지요. 예컨대 간음한 여자를 돌로 치라거나 여성이 남성보다 못하다는 경전의 선언은 오늘의 현실에 맞지 않습니다. 그러니 시대 변화를 반영한 유연한 해석이 꼭 필요합니다. 다시 말해 종교 생활은 표층적 차원에서 시작할 수밖에 없지만 확장된 해석에 기반해 더 깊은 심층의 차원으로 나아가야 합니다. 또 심층적 차원의 종교 생활을 통해 타인에게 보다 폭넓은 유연성과 융통성을 발휘하는 태도를 가져야 합니다. 마치 온갖 삶의 풍상을 다 겪은 현명한 노인이 한없이 부드러운 미소와 배려로 타인을 대하듯이 심층적 종교 생활을 통해 우리는 보다 지혜롭고 자애로운 사람으로 변화해야 해요. 경전에 따르면 예수와 붓다와 같은 종교적 성인들은 그런 비범한 삶의 태도를 보여 주었죠. 그것이 우리가 여전히 그분들을 기억하고 배우려는 이유이기도 하고요. 어린아이가 사춘기를 거치지 않고 곧장 성인이 될 수 없는 것처럼 표층에서 심층으로 발달하는 과정

역시 오랜 경험과 노력을 통해서 가능하다고 생각합니다. 그러니 심층 종교인들이 보여 주는 여러 모습들을 모델로 삼아 그들을 닮으려 열심히 노력하다 보면 어느덧 그 자리에 도달해 있는 자신을 발견할 수 있을 겁니다.

그리고 종교 생활의 긍정적인 측면에 더 주목하면 좋을 것 같습니다. 종교가 전통 내부에서 혹은 다른 종교와의 관계에서 참으로 많은 갈등과 폭력의 원인이 되었음을 우리는 종교사에서 익히 목도했습니다. 그래서 종교는 죄, 심판, 처벌, 지옥과 같은 부정적인 단어로 정의되기 십상이고요. 그러나 종교가 선택의 대상이 된 요즈음에는 종교의 긍정적인 측면이 더 강조되었으면 합니다. 여러분의 가정이나 학교 생활도 그렇잖아요. 현대의 가장 큰 문제는 관계나 배움이 더 이상 기쁨의 원천이 아니라는 점이라고 생각합니다. 물론 대책 없이 즐거움만을 추구하라는 의미는 아니에요. 애초에 타인과의 관계나 배움을 통해 본연의 기쁨을 맛볼 때에만 우리에게 참된 행복이 가능하다는 의미이지요.

이런 관점에서 종교 생활 역시 기쁨이라는 측면에 조금 더 귀 기울였으면 합니다. 만약 천국이라는 게 실제로 있다면 그곳은 어떤 모습일까요? 우리가 그 전모를 알 수는 없겠지만 아마도 웃음이 없다면 천국이 아닐 겁니다. 모두가 엄숙하고 진지해서 아무도 깔깔대고 웃지 않는다면 기쁨이 있기 어렵지 않겠습니까? 지상의 삶도 그렇잖아요. 가정이든 학교든 회사든 혹은 국가든 그 구성원들이 깔깔대고 웃을 수 있다면 그곳은 행복한 곳임이 틀림없을 겁니다. 강연을 시작할 때 예로 들었던 승가대학에서 저나 강의를 듣는 분들이 행복하지 못했던 이유는 '웃음'이 없었기 때문 아니겠습니까? 물론 애초에 제 유머가 처절하게 실패한 탓이겠지만요. (웃음)

종교 역시 웃음을 멀리해서는 안 된다고 봐요. 달리 말해 종교가 인간을 웃고 행복하게 만들어 주지 못하면 그 종교는 본질적인 가치를 잃은 것이 아닐까 생각합니다. 아무리 가혹한 어려움 속에서도 잘되리라는 희망이 우리를 웃음 짓게 만드는 것처럼 불확실한 삶을 사는 우리에게 종교가 기쁨과 희망을 줄 수 없다면 무슨 의미가 있겠어요. 종교의 여러 가지 부정적인 모습은 그 가치를 부정하게 만들기 십상입니다만 행복과 웃음을 주는 긍정적인 종교라면 얼마든지 받아들일 수 있지 않을까요?

누구에게 들었는지 기억이 안 납니다만, 인생에서 정말 마음 놓고 행복하게 깔깔 웃었던 시간을 다 합쳐서 5분을 넘지 못하면 지옥에 간다는 말을 들은 적이 있습니다. 5시간도 아니고 단지 5분이요. 말이 되지요? 살면서 모든 세상의 근심을 잊고 깔깔 웃은 게 다 합쳐 채 5분도 안 된다면 이미 지옥에서 산 거잖아요. 그런 사람이 어떻게 천국을 갈 수 있겠어요. 설령 간다고 한들 갑자기 즐겁고 행복한 사람으로 변모할 수 있을까요? 그런 의미에서 제일 중요한 것은 이곳에서의 인간관계라고 생각합니다. 특히 부부 관계, 부모 자식과의 관계, 친구와의 관계요. 이런 관계 속에서 서로 깔깔대고 웃을 수 없다면, 그게 바로 지옥이겠지요.

결국 종교가 주장하는 천국은 기쁨과 웃음이 넘치는 곳이어야 한다고 저는 믿습니다. 사후에 천국에 갔는데 거기 있는 모든 사람들이 진지하고 심각한 표정으로 있다면, 그런 천국은 누구도 가기 싫겠죠? 여러분 입장이라면, 만화책이 산더미처럼 쌓여 있고, 마음대로 게임도 할 수 있고, 친구들과 깔깔대며 지내고, 호기심도 마음껏 충족하면서 더 성장하는 자기를 만들어 가는 곳이 천국이겠지요.

우리를 자유롭고, 기쁘고, 즐겁게 하는 종교가 진짜 종교 같습니다. 다시 말해 웃음과 자유를 주는 게 참된 종교라는 거지요. 행복은 항상 웃음과 함께 가잖아요. 물론 이 대목에서 쓰라린 경험과 실수를 통해 얻어지는 지혜의 역할도 간과해서는 안 되겠지요. 지혜 역시 행복을 가능하게 만드는 중요한 열쇠일 겁니다.

여하튼 여러분이 웃음과 즐거움이 넘치는 종교 생활을 하시기를 바랍니다. 그리하여 여러분의 삶 전체에 더 많은 웃음과 행복이 함께하기를 기원하고요. 지상의 천국이든 천상의 천국이든 웃음이 넘쳐야 한다고 굳게 믿습니다.

오랜 시간 제 말씀을 유쾌하게 경청해 주셔서 감사합니다.

우리에게 시는
왜 필요한가

이문재 경희대 후마니타스칼리지 교수

1959년 경기도 김포에서 나고 자랐습니다. 경희대 국문과에 재학 중이던 1982년 《시운동》 4집에 시를 발표하며 등단했습니다. 시집으로 《제국호텔》, 《마음의 오지》, 《산책시편》, 《내 젖은 구두 벗어 해에게 보여줄 때》가 있고 산문집 《바쁜 것이 게으른 것이다》, 《내가 만난 시와 시인》이 있습니다. 현재 경희대 후마니타스칼리지에서 강의하고 있습니다.

여러분 반갑습니다. 오늘 제가 여러분과 함께 이야기를 나눌 주제는 '시 읽기와 글쓰기'인데 걱정이 이만저만이 아닙니다. 이렇게 좋은 가을날, 영화나 음악, 소설이나 스포츠가 아니고 시와 글쓰기라는 주제로 강연을 하는데 누가 시간을 내 찾아 주실까 염려가 컸습니다. 게다가 제 얼굴이 그렇게 재미있게 생기지도 않았고 목소리도 밤 11시가 넘어야 듣기 좋은 심야 방송용이어서 듣다 보면 졸음이 솔솔 올 겁니다. 앞으로 강의하는 동안 어떻게 여러분을 깨어 있도록 할 수 있을지 고민입니다. (웃음)

시 읽기와 글쓰기라는 주제가 너무 딱딱하고 추상적이어서 간략하게나마 오늘 함께 생각해 볼 이야깃거리를 먼저 소개해야 할 것 같습니다. 오늘 이야기는 꿈을 이루는 비결에서 시작합니다. 조금 난데없어 보일지도 모르겠습니다. 시 읽기든 글쓰기든 결국에는 여러분이 멋진 꿈, 실현 가능한 꿈을 갖도록 하는 것이 궁극 목표가 아닐까 하는 판단에서 꿈에 관한 이야기를 준비해 봤습니다. 이어서 왜 시를 읽어야 하는지, 시 읽기가 자존감과 자신감 회복에 어떤 역할을 하는지에 대해 언급한 다음, 시 세 편을 함께 읽을 것입니다. 그러다 보면 시 읽기가 글쓰기로 이어지고, 글쓰기가 여러분의 진정한 성년식, 즉 제2의 탄생으로 전환될 것입니다.

• 꿈을 이루지 못하는 가장 큰 이유

여러분들은 한창 꿈을 꿀 나이입니다. 그런데 현대를 살아가는 대부분의 사람들이 자기 꿈을 이루지 못합니다. 놀랍지 않습니까? 우리나라 사람들만 그런 것이 아닙니다. 북미나 유럽의 선진국 사람들도 자기 꿈을 실현하지 못하는 경우가 많다고 합니다. 왜 그럴까요? 이유는 아주 단순합니다. 꿈이 없기 때문입니다.

한번 생각해 보십시오. 저도 그랬지만, 청소년기에는 하루에도 몇 번씩 꿈이 바뀝니다. 학기별, 학년별로도 꿈이 바뀔 겁니다. 하지만 여러분이 학교를 졸업하고 어느 날 돌이켜 보면 그 수많은 꿈이 하나도 남아 있지 않은 경우가 있습니다. 여러분들이 초등학교나 중학교 때 가졌던 꿈을 떠올려 보십시오. 또렷하게 기억하는 꿈이 몇 가지나 있는지요.

여러분들만 그런 것이 아닙니다. 세계에서 공부를 가장 열심히 한다는 미국의 하버드대 학생들 사이에서도 이와 유사한 일이 벌어지고 있습니다. 1970년대에 하버드 경영대학원에 다니는 학생들을 대상으로 꿈에 관한 조사를 한 적이 있습니다. 경영학을 전공하는 대학원생 열 명 가운데 여섯 명 정도가 꿈이 없었습니다. 열 명 중 두세 명은 꿈이 있었지만 그 꿈이 막연했습니다. 한두 명만이 분명한 꿈을 가지고 있었습니다.

20년이 흐른 뒤, 연구팀이 그 학생들을 하나하나 찾아다녔습니다. 결과는 놀라웠습니다. 꿈이 없는 60%의 학생들은 중류 이하의 삶을 살았고, 막연하나마 꿈을 가진 학생들은 중류층의 삶을 살았고, 꿈이 분명했던 10~20%의 학생들은 자기가 속한 분야에서 리더가 되어 있었다고 합니다. 꿈을 갖느냐, 갖지 않느냐에 따라 삶의 질이 이렇게 달라집니다.

여러분들 중에도 꿈이 없는 분들이 있을 겁니다. 하지만 너무 초조해하지 마십시오. 여러분 앞에는 엄청난 시간이 있습니다. 또 지금 꿈을 갖고 있더라도 그 꿈이 오래가지 못할 수도 있습니다. 그 꿈에 대한 정보와 지식이 많지 않을 수 있고, 그래서 정확한 판단을 내리기가 힘들 수도 있습니다. 내가 좋아하는 것과 잘할 수 있는 것을 혼동할 수도 있고, 내가 좋아하는 것을 중요한 것이라고 착각할 수도 있습니다. 좋아하는 것과 잘할 수 있는 것, 좋아하는 것과 중요한 것을 냉정하게 구분할 수 있어야 합니다.

또 꿈은 언제든 바뀔 수 있습니다. 여러분 세대는 평균 연령이 100세 가까이로 늘어날 겁니다. 앞으로 80~90년을 더 살아야 합니다. 여유를 가지고 멀리 내다보십시오.

그런데 요즘 젊은이들은 멀리 내다보지 않습니다. 지나치게 근시안적입니다. 안타까운 일입니다. 《아프니까 청춘이다》라는 책으로 널리 알려진 김난도 서울대 교수가 조사한 바에 따르면 요즘 대학생들은 자기 인생의 절정을 29세 전후로 본다고 합니다. 놀랍지 않습니까? 평균 연령 100세 시대에 자기 삶의 황금기를 20대 후반으로 설정하다니. 그럼 30대 이후는 어떻게 되는 건가요? 자기 생의 3분의 2 이상에 대해 아무런 생각이 없는 겁니다. 생의 황금기는 40~50대인 경우가 대부분입니다. 60~70대에 생의 의미를 발견하는 삶도 많습니다.

멀리 내다보아야 합니다. 부모님이나 선생님, 대중 매체 등을 통해 들으셨겠지만, 여러분은 앞으로 세 개 이상의 직업을 가져야 합니다. 인생 이모작, 삼모작 시대라고 들어 보셨지요? 그러니까 여러분은 앞으로 최소 두세 번의 황금기를 가질 수 있는 겁니다. 지금 여러분이 처해 있는 환경이나 조건에 너무 위축되지 마십시오. 반대로 지금 성적이 좋거나 부모님의 지원이 넉넉하다고 해서 자만해서도 안 됩니다. 여러분은 앞으로 두 번, 세 번 다시 태어나야 하기 때문입니다. 부디 꿈을 가지고 멀리, 길게, 그리고 넓게 보십시오.

자, 그럼 제가 꿈을 이루는 비결을 알려드리겠습니다. 비결은 아주 단순합니다. 너무 단순해서 우습게 보일지 모릅니다. 하지만 어떤 일을 성취하는 비결은 모두 단순합니다. 복잡한 것은 비결이 될 수 없습니다. 꿈을 이루는 비결은 단 세 가지입니다. 이 세 가지만 잊지 않으면 꿈은 반드시 이뤄지게 되어 있습니다.

• 꿈을 이루는 세 가지 비결

첫 번째는 꿈을 갖는 겁니다. 꿈을 꾸는 거예요. 앞에서 언급한 하버드 경영대학원생 대부분도 꿈이 없었기 때문이 꿈을 이루지 못했습니다. 제가 지난 10여 년 동안 만나 본 우리나라 젊은이들도 마찬가지였습니다. 20대 청년들 대부분이 꿈이 없습니다. 꿈이 없는데 어떻게 꿈을 이룰 수 있습니까. 꿈 없이 꿈을 이루려는 마음가짐이야말로 '도둑놈 심보'입니다. 도둑 중에서도 가장 바보스러운 도둑입니다. 꿈을 갖지 않고 뭔가 이루려고 하는 것은 복권을 사지 않고 복권이 당첨되기를 바라는 것과 마찬가지입니다. 꿈을 이루려면 꿈부터 가져야 합니다.

두 번째는 꿈을 한두 문장으로 명확하게 가다듬어 놓아야 합니다. '난 세계 최고의 빵을 만드는 사람이 되겠다.' 이런 식으로 짧고 명쾌해야 합니다. 마지막으로 세 번째가 가장 중요합니다. 꿈을 이루는 마지막 비결은 꿈을 잊지 않는 겁니다. 꿈이 분명해야 잊지 않습니다. 꿈이 구체적이어야 매 순간 선택의 기로에서 올바른 결정을 내릴 수 있습니다. 세계적인 제빵 왕이 되고자 하는 청년은 모든 것을 '빵'의 눈으로 보게 됩니다. 빵을 먹을 때는 물론이고, 그릇, 식탁, 의자, 조명기구 등 모든 것을 빵과 연관 짓습니다. 밀가루, 설탕 등 재료에 민감해지고 맛에도 예민해집니다. 다른 사람들의 식성에도 큰 관심을 갖게 됩니다. 제빵 왕이 되려는 젊은이는 매 순간 이렇게 묻습니다. '나는 지금 무엇을 하고 있는가.' 만일 자기가 하는 일, 자신의 관심사가 빵과 무관한 것이라면 그 청년은 정신을 버쩍 차리고, 당장 그 일이나 그 생각을 접을 것입니다.

꿈을 가질 것, 꿈을 단순화할 것, 그리고 그 꿈을 절대 잊지 말 것. 이 세 가지가 꿈을 이루는 비결입니다. 여러분, 지난 10여 년을 돌아보십시오. 그 많은 꿈들이 다 어디로 갔을까요? 혹시 그 꿈들 중 이룬 것이 있다면 어떻게 이뤘는지 기억해 보십시오. 어떤 꿈을 이뤘다면 저 세 가지 요건을 반드시 충족시켰을 겁니다. 파울로 코엘료라는 작가가 이런 말을 했습니다. "당신이 간절하게 원하면, 온 우주가 당신을 돕는다." 그렇습니다. 여러분의 꿈이 여러분 자신은 물론 이웃과 세상의 더 나은 미래를 위한 것이라면 온 우주가 나서서 여러분을 도울 것입니다. "하늘은 스스로 돕는 자를 돕는다"라는 격언도 알고 계시지요? 잠시 후 말씀드리겠지만 여러분은 결코 혼자가 아닙니다. 우리는 결코 혼자가 아닙니다. 여러분이 좋은 꿈을 갖고 있다면, 그리고 그 꿈을 이루기 위해 도전한다면 반드시 돕는 자가 나타납니다.

• 누구나 글을 쓸 수 있다

이제 꿈 얘기에서 글 얘기로 넘어갈 차례입니다. 그런데 시 쓰기가 아니고 글쓰기라는 사실을 명심하십시오. 시, 시 읽기, 시 쓰기라는 말만 들어도 골치가 아픈 분들이 계시지요? 염려하지 마십시오. 시 쓰기와 글쓰기는 전혀 다른 문제입니다. 시 쓰기가 전문적인 영역이라면 글쓰기는 상대적으로 비전문적인 영역이고 또 보편적인 분야입니다. 시 쓰기가 프로 축구 선수들의 세계라면 글쓰기는 동네 축구 선수들의 세계라고 이해해도 무방합니다. 그런데 프로 축구 선수가 행복할까요, 아니면 동네에서 친구들과 어울려 축구를 하는 우리가 더 행복할까요? 기량과 행복은 큰 연관성이 없습니다.

수만 관중이 운집한 전용 구장에서 텔레비전으로 중계되는 축구 경기만 축구가 아닙니다. 학교 운동장에서 먼지를 뒤집어쓴 채 달리고 넘어지는 동네 축구에 더 큰 의미가 있을 수 있습니다. 중요한 것은 '누가' 축구를 하느냐는 것입니다. 프로 축구는 '그들만의 리그'입니다. 프로 축구 앞에서 우리는 구경꾼을 넘어설 수 없습니다. 하지만 동네 축구는 다름 아닌, 나와 우리들의 잔치입니다. 우리가 몸과 마음을 다해 직접 참여하는 행위입니다. 동네 축구를 통해 체력을 기르고, 인내심을 키우는 동시에 서로 다름(차이)을 인정하고 팀워크를 이루며 조화하고 협력하는 능력을 키워 나갑니다.

글쓰기는 누구나 하는 공놀이와 같은 겁니다. 누구나 다 시나 소설을 쓸 필요는 없습니다. 그러나 누구나 글은 쓸 수 있어야 합니다. 듣고 말하고 읽는 능력이 부족하면 불편하듯이 쓰는 능력이 부족하면 우리의 삶은 매우 불편해지고 또 작아집니다. 듣기와 말하기, 읽기와 쓰기는 우리 언어생활을 구성하는 기본적인 능력입니다. 이 네 가지 중

하나만 부족해도 우리의 의사소통, 즉 사회생활에 큰 문제가 생깁니다. 생각하기와 표현하기 능력이 풍부해야 우리 삶의 질적 수준이 높아집니다.

그런데 왜 우리는 글쓰기라는 말만 들어도 불편해지는 것일까요? 글쓰기는 작가나 언론인이 되려는 학생들만 배우면 되는 것 아니냐는 반문이 자연스러운 까닭은 무엇일까요? 여러분의 잘못이 아닙니다. 우리 사회, 우리 어른들의 잘못입니다. 식민지, 분단, 전쟁, 급격한 산업화를 거치는 동안, 우리 사회는 과정보다 결과를 중시했습니다. 생각하는 것, 여러 사람의 의견을 모으는 것을 무시하거나 외면했습니다. 한 사람이 위에서 지시하면 나머지 사람들은 무조건 따르는 권위주의, 획일주의가 우리 사회를 지배했습니다. 자율적으로, 창의적으로 생각하는 문화가 자리 잡지 못했습니다. 엉뚱한 생각, 괴짜, 기인, 소수자가 설 자리가 거의 없었습니다.

우리 사회가 글쓰기의 필요성을 인정하지 않았습니다. 글을 쓰지 않아도, 생각하지 않아도 얼마든지 잘 살 수 있다는 의식이 지배적이었습니다. 창의적 생각, 독창적인 아이디어보다는 '돈만 있으면 된다', '많이 소유할수록 행복하다', '경쟁에서 이겨야 성공한다'는 야만적이고 폭력적인 가치관이 우리 사회를 이끌어 왔습니다. 제도 교육에서 글쓰기 교육이 뿌리내리지 못한 근원적 이유가 여기에 있습니다. 초·중등학교에서 아직도 글쓰기 교과가 정상화되지 못한 이유가 여기에 있습니다. 국문학을 전공한 저만 해도 학교에서 글쓰기를 제대로 배운 적이 없습니다. 1980년대 중반부터 시를 쓰고 기자 생활을 했는데도 시 창작 기법이나 기사 작성법을 제대로 배운 적이 없습니다. 누가 가르쳐 주는 사람도 없었습니다. 요즘 대학에서 글쓰기에 대한 관심이 대단한데, 대학에서 글쓰기가 교양 과목으로 채택된 것이 채 10년이 안 됩니다. 이런 상황을 떠올리면 글을 잘 쓰는 것이 오히려 이상할 정도입니다.

앞에서도 말씀드렸지만, 글을 쓴다는 것은 한마디로 생각하는 것입니다. 이런 말이 있습니다. "생각하지 않아도 말은 할 수 있지만, 생각하지 않고서는 글을 쓸 수 없다." 우리 사회가 글쓰기에 가치를 두지 않은 이유는 생각하기에 가치를 두지 않았기 때문입니다. 이제 우리는 생각하는 인간, 생각하는 사회로 거듭나야 합니다. 생각하지 않는 사회는 언제든 야만의 사회로 전락할 수 있습니다. 힘의 논리가 횡행하는 디스토피아가 될 수 있습니다. 생각하는 사람, 생각하는 사회가 더 나은 미래를 꿈꿀 수 있습니다. 폴 발레리가 이런 말을 남겼습니다. "생각한 대로 살아라, 그렇지 않으면 사는 대로 생각하게 된다." 저는 여기에 한마디 더 덧붙입니다. "사는 대로 생각하게 되면, 결국 아무런 생각도 하지 않고 살게 된다." 노예가 되고 마는 것입니다.

• 자존감 회복이 모든 것의 출발점

글쓰기를 불편해하는 이유는 또 있습니다. 위와 같은 역사적, 사회적 배경에 개인적 이유가 겹쳐집니다. 제가 지난 10여 년 동안 대학의 문예창작과 학생들뿐만 아니라 일반 시민들을 대상으로 글쓰기 강의를 해 오면서 글을 못 쓰는 근본 원인이 도대체 무엇인가를 놓고 오랫동안 고민했습니다. 그러다가 발견한 것이 바로 '자존감의 부족'이었습니다. 우리 학생들이 자존감, 즉 자아존중감이 부족하기 때문에 글을 잘 못 쓰는 것이었습니다.

자존감이란 단어, 자주 들어 보셨을 겁니다. 자존감이란 한마디로 자기 자신을 존귀하게 여기는 마음가짐입니다. 자기 생각, 자기 경험, 자기 느낌, 자기의 꿈과 희망을 소중하게 여기는 것입니다. 자존감이 없으면 글쓰기를 못할 뿐만 아니라 남 앞에 나서지조차 못합니다. 꿈도 꾸지 못하고 자기 삶의 주인이 될 수도 없습니다. 그러니까 자존감을 발견하고 자존감을 강화하는 것은 글쓰기를 위해서만 중요한 것이 아니라 여러분의 삶 자체를 위해 중요한 것입니다. 자존감은 자신감으로 이어집니다. 자신감이 용기와 지혜를 불러옵니다. 자신감, 용기, 지혜. 이 세 가지만 있다면 두려울 것이 없습니다.

그런데 왜 자존감이 이토록 낮아진 것일까요? 이 역시 여러분의 잘못이 아닙니다. 여러분이 태어나서 지금까지 살아온 과정을 떠올려 보세요. 가정에서는 부모나 형제, 마을에서는 이웃, 학교에 들어와서는

자존감이란 한마디로 자기 자신을 존귀하게 여기는 마음가짐입니다.

자기 생각, 자기 경험, 자기 느낌, 자기의 꿈과 희망을 소중하게 여기는 것입니다.

선생님과 친구, 선후배 등 여러분과 직접적인 관계에 있는 사람들로부터 어떤 소리를 들었나요? 칭찬을 많이 받았나요, 아니면 꾸중을 많이 들었나요? 칭찬보다 꾸중을 백배 천배 많이 들었을 겁니다. 설령 칭찬을 들었다고 해도 액면 그대로 받아들이지 않았을 겁니다. 우리 사회는 칭찬에 인색할 뿐만 아니라, 그 인색한 칭찬조차 그대로 받아들이지 못하는 이상한 문화가 있습니다.

걷기 시작할 때부터, 말을 배우기 시작할 때부터 '안 돼', '또, 또', '너는 왜 그 모양이니', '아니, 그것도 못 해?'라는 말을 귀가 따갑도록 듣습니다. 오죽했으면 '엄친아', '엄친딸'이라는 신조어가 활개를 치고 있을까요. 엄마 친구의 자녀들은 대단한 존재입니다. 공부도 잘하고, 잘생기고, 키도 크고, 부모 말씀 잘 듣고, 친구도 많고…… 그야말로 완벽한 인간입니다. 이렇게 완벽한 존재와 끊임없이 비교당하다 보면, 우리는 위축됩니다. 주눅이 듭니다. 왜소한 인간이 됩니다.

가정과 학교에서 자존감을 약화시키는 반면, 우리 사회는 '1등'을 우상화합니다. '1등만 살아남는 세상'이라는 말이 있지요. '승자 독식'이란 무서운 표현도 자주 쓰입니다. 그렇다고 우리 사회가 다 1등에 의해 움직이는 것은 아닙니다. 1등이 영원한 것도 아닙니다. 모두 다 1등이 될 수도 없습니다. 그럴 수도 없고, 그럴 필요조차 없습니다. 그리고 1등이 된다고 해도 전혀 행복하지 않습니다. 1등 자리를 빼앗길까 봐 늘 불안하고 초조해합니다. 대신 '1등이 되지 말고 일류가 되자'는 말이 있습니다. 1등은 한 사람이지만, 일류는 여럿일 수 있습니다. 1등이 되려 하지 말고, 자기 분야에서 일류를 꿈꾸십시오.

이제, 문제의 핵심이 자존감이라는 사실을 이해하셨지요? 그럼 자존감을 찾는 방법, 자존감을 강화하는 방법에 대해 알아봅시다. '나'라는 존재를 경이롭게 바라보는 것, 지금 내가 살아 있다는 엄연한 사실을 신비롭게 바라볼 수 있는 능력, 내 삶에, 내가 하는 일에 의미를 부여하는 것이 나를 존귀하게 여기는 자존감의 출발점입니다. 내가 결코 하찮은 존재가 아니구나, 내 안에 이렇게 소중한 것들이 가득 차 있구나 하는 인식에 도달하는 순간, 자존감은 자신감으로 전환됩니다. 이런 자신감 위에서 진정한 꿈, 실현 가능한 꿈이 생겨나는 것입니다. 그런 꿈을 추구할 때 나 자신과 나를 둘러싼 이웃과 사회, 자연과 지구, 우주가 다 달리 보이기 시작합니다. 이를 두고 성년식 혹은 재탄생이라고 합니다.

우선 여러분 자신이 어디에서 왔는지 살펴보십시오. 여러분의 부모가 있었기 때문에 여러분이 태어났습니다. 여러분의 부모가 태어나기 위해서는 아버지의 부모, 어머니의 부모가 있었을 겁니다. 아버지의 아버지에게도 부모가 있었고, 어머니의 어머니 또한 부모가 있었습니다. 이렇게 거슬러 올라가다 보면, 우리는 생명의 탄생, 나아가 우주의 탄생 순간에 도달하게 됩니다. 빅뱅에서부터 지금까지 모두 이어져 있는 것입니다. 그러니까 지금 여기에서 이렇게 숨을 쉬고 있는 우리는 138억 년이라는 우주의 나이와 결코 무관하지 않은 것입니다. 이 얼마나 경이롭고 신비로운 일입니까.

• 상상력: 모든 것은 서로 연결돼 있다

시간의 축을 공간의 축으로 확장시켜도 마찬가지입니다. 멀리 갈 것도 없습니다. 우리가 매일 먹는 음식을 보십시오. 쌀 한 톨이 식탁에 오르기까지 얼마나 많은 우주적 요소들이 참여하는지 상상해 보십시오. 햇빛과 공기, 땅과 물이 있어야 합니다. 땅속의 미생물이 서로 영향을 주고받아야 합니다. 농부의 땀과 정성이 깃들어야 합니다. 수확한 것을 가공하고, 그것을 운송하는 교통수단이 있어야 합니다. 농수산물을 유통하는 네트워크가 있어야 합니다. 우리가 입고 있는 옷, 생활필수품 하나하나가 다 그렇습니다. 우주 전체가 참여하지 않으면 우리 손에 들어올 수 있는 것은 거의 없습니다.

이처럼 우주에 존재하는 모든 것은 서로 연결되어 있다는 엄연한 사실을 온전하게 느끼는 능력이 바로 상상력입니다. 요즘 들어 상상력은 '없는 것을 만들어 내는 신통력'이나 '돈이 되는 아이디어'를 일컫는 말로 쓰이지만 진정한 상상력은 타자의 입장이 되어 보는 자발적이고 유연한 감정이입을 말합니다. 감수성이라고 해도 무방합니다. 지구상의 모든 존재는 서로 연결되어 있으며, 서로 영향을 주고받는 관계에 있다는 인식은 자존감을 회복시켜 줄 뿐만 아니라 이웃과 사회를 다시 보게 만들어 줍니다.

모두 연결되어 있다는 인식을 우리가 공유한다면, 우리는 누군가를 지배하거나 무시하지 않게 됩니다. 강자를 흠모하고 약자를 짓밟는 '힘의 논리'는 더 이상 힘을 쓸 수 없을 것입니다. 경제적 이득이 보장되면 가차 없이 파괴하고 이용하는 '돈의 논리'도 더 이상 돈이 되지 않을 것입니다. 감수성에 의한 상상력이 살아난다면 인간과 지구를 고통 속에 빠뜨린 주범인 힘의 논리, 돈의 논리가 무력해집니다.

감정이입 능력이 있다면, 사회적 약자에게 함부로 대할 수 없습니다. 내가 이토록 대단하고 신비로운 존재라면, 내 가족, 내 이웃, 인류 전체는 물론 지구상에 존재하는 생물과 무생물 역시 모두 대단하고 신비로운 존재인 것입니다. 나만 존귀한 것이 아니라 내 옆에 있는 친구도 존귀한 존재입니다. 친구와 이웃을 이렇게 존중하고 배려한다면 집단 따돌림과 같은 문제는 일어나지 않습니다. 또 우리 인간만이 존귀한 것이 아니라 하늘을 날아다니는 새, 땅속에 있는 지렁이도 모두 소중한 존재입니다. 그렇기 때문에 풀 한 포기, 벌레 한 마리도 가볍게 여기지 않습니다. 상대방의 고통이 느껴지는데 어떻게 폭력을 휘두르겠습니까.

여기서 한 걸음 나아가면, 서로 나누고 돌보고 섬기는 새로운 사회가 가능해집니다. 모두 연결되어 있는 존재라는 새로운 인식 위에 다른 사람, 다른 생명, 다른 사물에 감정을 이입할 수 있는 능력이 더해지면 우리는 존귀해지기 위해 서로 도우며 함께 노력하게 될 겁니다.

우리가 승자 독식의 사회를 마지못해 인정하고 또 자꾸 거기에 적응하려고 하는 이유는 어쩌면 나라는 존재가 얼마나 존귀한 존재인지 알지 못하기 때문인지도 모릅니다. 내가 인류 탄생 이래 유일한 존재고 앞으로도 없을 존엄한 존재라고 생각한다면 누가 나를 함부로 대하는 것을 참지 않게 됩니다. 불의를 외면하지 않게 됩니다. 내가 존귀해지고 남을 존귀한 존재로 인정한다면, 그때 존귀한 사회가 가능해집니다.

우리가 우리 자신을 존귀하게 여기는 데서 모든 것이 새로 시작됩니다. 이런 맥락에서 시를 다시 읽어야 합니다. 시를 시험 문제의 대상으로 여기는 데서 벗어나야 합니다. 시는 분석의 대상이 아닙니다. 시는 분석을 넘어 살아 있습니다. 시를 하나의 우주라고 말하는 이유가 여기에 있습니다. 시는 독자의 창의적인 읽기를 기다리는 생명체입니다. 시는 독자에 의해 주체적으로 읽혀지기 전까지는 시가 아닙니다. 모든 좋은 시는 다름 아닌 시를 읽는 여러분에 의해 완성됩니다. 그것도 매번 새롭게 완성됩니다.

시는 본질적으로 감정이입, 의인화의 산물입니다. 그래서 우리가 시의 안쪽으로 들어가 교감할 수 있습니다. 감정이입을 통해 타인의 고통을 이해하는 것이 자존감을 회복하는 지름길이라고 말했지요? 우리가 시를 읽어야 하는 까닭은 시 읽기를 통해 다른 사람, 다른 생명, 다른 사물, 다른 현상을 이해하는 능력을 키울 수 있기 때문입니다. 시를 읽으면서 이 세상에 홀로 존재하는 것은 아무것도 없다, 나는 외톨이가 아니다, 나 역시 다른 존재와 영향을 주고받는 소중한 존재라는 엄연한 사실을 깨달을 수 있어야 합니다.

· 시 속에서 '온전한 나'를 되찾자

이제 시가 왜 필요한 것인지 이해가 되지요? 시는 국어 시간, 문학 교실에서만 읽는 것이 아닙니다. 시는 더 나은 미래를 열어 나갈 청소년들에게 특히 필요합니다. 시 읽기를 통해 온전한 감수성을 되찾고, 온전한 감수성을 통해 자존감을 높여 나가야 합니다. 거듭 말씀드리지만 자존감이 높아져야 자신감이 생겨나기 때문입니다.

시를 읽으며 우리가 잃어버린, 혹은 잊고 있는 상상력을 재발견해 봅시다. 시를 읽는다는 것은 모든 감각을 통해 다른 사람은 물론이고 사물, 환경, 자연, 지구, 우주를 온전하게 받아들이는 것입니다. 감성을 활발하게 되살려 내는 것입니다. 시야말로 '모든 것은 연결되어 있다'는 핵심적인 우주관, 세계관을 배울 수 있는 살아 있는 교실입니다. 살아 있는 감성의 보고입니다. 세 편의 시를 함께 읽어 보겠습니다. 어렵지 않은 시들이니까 긴장하지 않아도 됩니다. (웃음)

차디찬 아침인데

묘향산행 승합자동차는 텅하니 비어서

나이 어린 계집아이 하나가 오른다

옛말속같이 진진초록 새 저고리를 입고

손잔등이 밭고랑처럼 몹시도 터졌다

계집아이는 자성으로 간다고 하는데

자성은 예서 삼백오십리 묘향산 백오십리

묘향산 이디메서 삼촌이 산다고 한다

쌔하얗게 얼은 자동차 유리창 밖에

내지인 주재소장 같은 어른과 어린아이 둘이 내임을 낸다

계집아이는 운다 느끼며 운다

텅 비인 차 안 한구석에서 어느 한 사람도 눈을 씻는다

계집아이는 몇 해고 내지인 주재소장 집에서

밥을 짓고 걸레를 치고 아이보개를 하면서

이렇게 추운 아침에도 손이 꽁꽁 얼어서

찬물에 걸레를 쳤을 것이다

―백석, 〈팔원―서행시초 3〉

워낙 유명한 시여서, 읽어 보신 분들이 많을 겁니다. 그래도 보다 깊은 이해를 위해 잠깐 배경 설명을 하고 넘어가겠습니다. 시 제목인 '팔원'은 평안북도의 한 지명입니다. 팔원의 '원院'은 사리원, 조치원처럼 지명에 붙는 글자예요. 이 시의 지은이는 백석이지요. 1912년 평안북도 정주에서 태어나, 오산고를 졸업하고 일본 아오야마대학 영문과에 유학을 하고 돌아와 1936년 《사슴》이라는 시집을 냈습니다. 백석은 서울에서 잡지사 기자 생활을 하다가 1940년대에 만주로 넘어갔습니다. 당시 만주는 괴뢰국으로 불리기도 했지만, 우리나라를 비롯해 동

아시아 지식인, 예술인들이 많이 모이던, 일종의 이상향을 추구한 실험 국가이기도 했습니다. 그래서 우리나라 문인, 지식인, 예술가들도 만주국으로 많이 몰려갔습니다. 그중 한 명이 백석이었습니다.

백석은 해방이 되자 고향으로 돌아갔고 그 후 분단이 되고 말았습니다. 백석은 월북 시인이 아니고 재북 시인입니다. 그럼에도 불구하고 1988년 해금이 되기 전까지 공식적으로 언급을 할 수가 없었습니다. 학자들이 공개적으로 연구하기도 어려웠습니다. 해금이 된 이후 백석의 시가 알려지면서 우리나라 시인들이 가장 좋아하는 시인의 반열에 올랐습니다. 저도 아주 좋아하는 시인입니다. 위 시는 1930년대 중반에 쓰여진 시인데, 보시다시피 어려운 대목이 전혀 없습니다. '옛말속', '진진초록', '내지인 주재소장', '내임을 내다', '아이보개' 같은 단어가 조금 낯설고 '자성', '묘향산'이란 지명도 익숙치 않을 겁니다. 이런 낱말은 직접 사전을 찾아보십시오. 그래야 자기 것이 됩니다.

자, 도입부를 읽어 봅시다. "차디찬 아침인데 묘향산행 승합자동차는 텅하니 비어서 나이 어린 계집아이 하나가 오른다 옛말속같이 진진초록 새 저고리를 입고 손잔등이 밭고랑처럼 몹시도 터졌다." 시를 읽는 좋은 방법 중 하나가 카메라를 들고 있다고 설정해 보는 것입니다. 도입부에서 카메라(시점 혹은 화자)는 평안북도 어느 지역의 아침 버스 정류장 풍경을 냉정하게 포착합니다. 어떤 감정도 개입되어 있지 않습니다. 다큐멘터리 화면과 같습니다.

그 다음에 소리가 들립니다. 진진초록 저고리를 차려입은 어린 소녀가 "자성까지 갑니다" 그랬겠지요. 누군가 "거기는 왜 가는데?"라고 물어봤겠지요. 소녀는 "자성에 삼촌이 계세요"라고 답했을 겁니다. 그런데 창밖을 보니 누군가 배웅을 나와 있습니다. "쌔하얗게 얼은 자동차 유리창 밖에 내지인 주재소장 같은 어른과 어린아이 둘이 내임을 낸다." 일본인 파출소장 같은 아저씨와 어린아이 둘이 잘 가라는 인사를 합니다. 그러자 차에 올라탄 계집아이가 눈물을 흘립니다. 여기까지 카메라는 계속 다큐멘터리 기법을 구사합니다.

· 좋은 시는 독자에 의해 완성된다

"텅 비인 차 안 한구석에서 어느 한 사람도 눈을 씻는다." 여기서부터 드디어 감정이입이 일어납니다. "어느 한 사람"이 아마 카메라를 든 백석 시인일 거예요. 시인은 길 떠나는 계집아이에게 자신의 감정을 이입합니다. 함께 슬퍼합니다. 그러고는 바로 상상력을 발휘합니다. "계집아이는 몇 해고 내지인 주재소장 집에서 밥을 짓고 걸레를 치고 아이보개를 하면서 이렇게 추운 아침에도 손이 꽁꽁 얼어서 찬물에 걸레를 쳤을 것이다." 감정이입이 상상력으로 이어집니다. 이 시는 제가 여러분 또래를 대상으로 강연을 할 때마다 함께 읽는데, 그때마다 꼭 독후감을 물어봅니다. 여러분, 이 시를 읽은 느낌이 어떠세요?

"슬퍼요, 불쌍해요, 안타까워요……"

네, 그렇습니다. 다들 같은 반응입니다. 이게 시가 가지고 있는 공감대입니다. 이 같은 공감대가 형성되는 까닭은 백석 시인이 그러했던 것처럼, 여러분 각자가 시의 대상에 자신의 감정을 이입했기 때문입니다. 시를 보다 깊이 있게 감상하는 방법 중 하나가 그 시를 쓴 시인(화자)이 되어 보는 것입니다. 시의 화자, 관찰자가 되어 적극적으로 시간, 공간 여행을 해 보는 겁니다. 80여 년 전, 평안북도 산골의 추운 겨울날 아침으로 가 보는 겁니다. 버스 정류장, 텅 비인 차 안 한구석에 앉아서 소녀와 파출소장 가족의 이별 장면을 목격하는 겁니다. 그러는 동안 시가 그 누구의 것도 아닌, 여러분 자신의 것이 됩니다. 앞에서도 말씀드렸지만 시는 그 시를 쓴 시인의 것이 아닙니다. 모든 좋은 시는 그 시를 읽는 독자에 의해 완성됩니다. 독자의 감수성에 의해, 독자의 상상력에 의해 시는 매번 다시 쓰여지는 겁니다.

시를 읽으면서 거듭거듭 질문을 해 보십시오. 그리고 답안이라고 생각하지 말고 편하고 자유롭게 스스로 답을 해 보십시오. '파출소장네 집에서는 계집아이를 어떻게 대했을까?' '파출소장 딸과 계집아이는 어떤 사이였을까?' '왜 자성으로 떠나게 되었을까?' 상상의 나래를 얼마든지 펼칠 수 있습니다. 이 시가 1930년대 중반에 쓰여졌고, 시 속의 아이가 10대 초반으로 보이니까, 그 아이는 아마 1920년대 초반에 태어났을 겁니다. 지금 살아 있다면 90세가 넘었겠지요. 여러분의 할머니, 혹은 증조할머니뻘쯤 될 거예요. 시에 담겨 있는 이야기의 단초를 이렇게 하나하나 풀어 나가다 보면, 한 편의 짧은 시가 장편소설로 확대될 수 있습니다.

질문을 계속해 봅시다. '계집아이는 자성에 가서 어떻게 살았을까?' '해방은 어디서 맞이했을까?' '전쟁 때 만일 남쪽으로 내려왔다면 어디서 결혼해서 어떻게 가정을 꾸려 나갔을까?' '노후는 어디서 보냈을까?' 거듭 말씀드리지만, 일본인 파출소장 집에서 식모살이를 하다가 혼자서 400~500리 떨어진 삼촌 집으로 가는 여자아이의 입장이 되어 보는 것, 이것이 감정이입입니다. 그 아이의 생애 전체를 머릿속으로 그려 보는 것, 이것이 상상력입니다.

만일 시인이 여자아이를 보고 아무 생각이 일어나지 않았다면 이 시는 쓰이지 않았을 겁니다. '어린 계집아이가 손등이 저렇게 터졌는데 파출소장 집에서 얼마나 고생이 많았을까', '삼촌네 집에서는 또 어떻게 살아갈까', '전쟁통에서 어떻게 살아났을까……' 이런 감수성, 상상력이 어렵나요? 절대 그렇지 않을 겁니다. 이 정도의 상상력은 누구나 발휘할 수 있습니다. 지금까지 그럴 기회가 없었던 것이지요. 상상력은 연습에 의해, 반복에 의해 얼마든지 향상시킬 수 있습니다. 관찰력, 감정이입, 상상력을 여러분의 좋은 습관으로 만드십시오. 단언컨대 상상력이 여러분의 삶을 바꿔 나갈 것입니다.

백석의 〈팔원〉이라는 시에서 타인의 고통을 자기화하는 상상력을 확인해 보았습니다. 이 시가 어른과 아이 사이에서 일어나는 일대일의 감정이입이라면, 다음에 함께 읽어 볼 시에는 불특정 다수를 배려하는 과수원 주인의 마음이 잘 드러나 있습니다. 〈옹달샘〉이라는 짧은 시인데, 엄재국이라는 시인이 썼습니다. 엄재국 시인은 지금 50대 중반으로, 활발하게 활동하는 현역 시인이지요. 시의 배경은 경상북도 문경입니다.

경북 문경시 산길 깊은 내화리

사과를 주렁주렁 매단 사과나무 한 그루가 명찰을 달고 섰는데요

"지나가다 목마르면
하나 따 드세요"

까치밥에 사람 밥 얹어 매달아 놓은 주먹만한 물통들

목젖 가득 찰랑대는 물소리

— 엄재국, 〈옹달샘〉

이 시는 앞서 읽었던 〈팔원〉에 비해 아주 밝고 따뜻하지요. 과수원 주인의 목소리는 물론 찰랑대는 물소리까지 들려옵니다. 과수원 주인

이 지나가는 행인들이 목이 마를까 봐 "목마르면 하나 따 드세요" 이렇게 붙여 놓은 거예요. 〈팔원〉에서 일어나는 감정이입이 자기 앞에 있는 사람과 면 대 면 관계라면 이 시는 면 대 면을 벗어나 있고, 또 일대 일을 벗어나 일 대 다수의 관계입니다. 사과나무에 달린 명찰이 지나가는 사람, 즉 사회를 향해 말을 걸고 있습니다.

우리가 〈팔원〉에서 보았던 감정이입을 확대하면, 다시 말해 상상력을 사회화하면 〈옹달샘〉과 같은 장면과 마주칠 수 있습니다. 하지만 우리 사회는 위와 같은 과수원 주인을 만나기 어렵습니다. 목마른 사람을 배려하기는커녕 혹여 사과를 몰래 따 갈까 봐 철조망으로 울타리를 치고, 그것도 모자라 폐쇄회로 카메라를 설치합니다. 1970년대까지만 해도 '서리'가 있었습니다. 시골에서 청소년들이 남의 밭에 들어가 참외나 수박을 몰래 따 먹는 것을 서리라고 했습니다. 참외서리, 수박서리, 좀 지나친 경우에는 닭서리도 있었습니다. 한 세대 전까지만 해도 시골에서는 서리를 슬쩍 눈감아 줬습니다. 부모님이나 할머니, 할아버지께 서리에 관해 여쭤 보시면 흥미진진한 무용담을 들을 수 있을 겁니다.

그런데 서리라는 오래된 농경공동체 문화가 급격한 근대화, 산업화, 도시화와 함께 사라졌습니다. 지금 남의 과수원에 들어가 사과를 '슬쩍하다' 잡히면 바로 절도범으로 입건됩니다. 우리 사회가 빠른 속도로 산업자본주의 문명에 편입되면서 타인을 배려하는 마음씨가 말라버리고 만 것입니다. 우리 집이 낯선 사람을 어떻게 대하는지, 우리 사회가 동남아 이주노동자나 베트남 새색시를 어떻게 대하는지 굳이 설명하지 않아도 아시겠지요. 자본주의 사회는 모든 것을 '돈의 논리'로 재단하는 차가운 사회입니다. 자본주의는 돈이 되지 않는 것, 돈으로 환산할 수 없는 것은 모두 무시해 버립니다. 산업자본주의 문명이 절정으로 치닫고 있는 우리 사회를 배경에 놓으면, 위 시가 갖고 있는 의미는 보다 선명해집니다.

'까치밥'이 무엇인지 아는 분들은 위 시가 보다 커 보일 겁니다. 사과나무에 달린 안내문이 사람을 위한 것이라면, 까치밥은 날짐승을 위한 배려입니다. 옛 농부들은 가을에 과일을 전부 수확하지 않고 나무 꼭대기에 몇 개를 남겨 두곤 했습니다. 날짐승들을 위해 남겨 놓는 것이지요. 개울에 뜨거운 물도 함부로 버리지 않았습니다. 뜨거운 물에 물고기나 물풀이 다칠까 봐 그런 것이지요. 땅에 씨앗을 뿌릴 때도 마찬가지였습니다. 땅에 얕은 구멍을 내고 거기에 씨앗을 세 개 심었습니다. 하나는 새의 몫이고, 또 하나는 벌레의 몫이고, 나머지 하나가 사람의 몫이었지요. 까치밥, 벌레밥, 사람밥이 공존했습니다. 땅에 뿌리내린 삶, 즉 농경공동체에서는 이처럼 인간과 자연이 더불어 살아갔습니다.

자, 다음 시 〈선물의 집〉에서 우리는 타인에 대한 배려가 더욱 확장되는 모습을 만날 수 있습니다. 평안북도 팔원의 버스 정류장, 경북 문경의 과수원이 정적이라면 다음의 시에 등장하는 배려와 존중은 보다 역동적입니다. 곳곳에서 살아 움직입니다. 이 시는 이창기라는 시인의 옛 농부들은 가을에 과일을 전부 수확하지 않고 나무 꼭대기에 몇 개를 남겨 두곤 했습니다.
날짐승들을 위해 남겨 놓는 것이지요. 개울에 뜨거운 물도 함부로 버리지 않았습니다.
땅에 뿌리내린 삶, 즉 농경공동체에서는 이처럼 인간과 자연이 더불어 살아갔습니다.

© 참세상 김용욱 기자

작품입니다. 이창기 시인 역시 50대 중반의 현역 시인입니다. 이 시는
소리 내어 읽어야 제맛이 납니다.

치매로 실종된 쌍둥이 할아버지에게

눈에 익은 과수원 길 한 세트

아무렴 그렇구말구

생일도 잊은 채 고추 따는 아이에게

반가운 친구 한 다스

아무렴 그렇구말구

글 모르는 김서방 회갑 잔치에

글자 없는 책 한 마지기

아무렴 그렇구말구

자식 잃고 먼 길 떠난 친구 부부에게

답장 붙은 편지 한 축

아무렴 그렇구말구

멀리 벨로루시에서 시집온 심약한 소녀에게

약국에서 산 희망 한 갑

아무렴 그렇구말구

해수병 걸린 홀아비 찬장 위에

잘 마른 적막 한 궤

아무렴 그렇구말구

놀이터에서 혼자 울고 있는 아이에게

엄마의 귓속말 한 봉지

아무렴 그렇구말구

— 이창기, 〈선물의 집〉

상상만 해도 절로 웃음이 나지요? "아무렴 그렇구말구"라는 리드미컬한 후렴 때문에 어깨춤이 절로 나는 시입니다. 위 세 편의 시를 여러분과 함께 읽어 본 이유는, 타인의 고통을 받아들이는 능력이 얼마큼 사회적으로 확산될 수 있는가, 우리 각자가 타인의 고통을 받아들이는 능력을 갖고 있으면 세상이 얼마나 달라질 수 있는가 하는 것을 확인하고 싶어서입니다.

우리가 함께 읽은 〈팔원〉, 〈옹달샘〉, 〈선물의 집〉은 사실일 수도 있고 사실이 아닌 문학적 허구일 수도 있습니다. 하지만 허구라고 해도 우리에게 진한 감동을 전해 줍니다. 우리로 하여금 다른 생각을 하게 합니다. 고정관념을 뒤흔듭니다. 우리의 현재 삶과 사회를 돌아보게 하고, 나아가 새로운 세상을 꿈꾸게 합니다. 현재의 나와 우리 사회를 낯설게 만드는 것입니다. 시가 갖고 있는 본질적 기능을 '낯설게 하기'라고 정의하기도 합니다. 시 쓰기를 '낯익은 것에서 낯선 의미를 발견하는 것'이라고 말하기도 합니다. 돌아보면, 위 시들에 나타난 '시인의 마음'은 특별한 것이 아닙니다. 우리보다 먼저, 우리와 다른 방식으로 낯익은 시적 대상과 교감했을 뿐입니다.

• 누군가에게 선물이 되는 삶을 살아라

자, 강의를 마무리할 시간입니다. 꿈을 이루는 비결로 시작해서, 자존감을 가져야 글쓰기뿐만 아니라 자기 삶의 당당한 주인이 될 수 있다는 말씀까지 드렸습니다. 그런데 자신감을 갖고 자기 삶의 주인공이 되기 위해서는 시의 마음, 즉 타인의 고통을 이해하는 능력을 갖추는 것이 관건이라고 강조했습니다. 타인을 존중하고 배려하는 마음씨를 가져야 스스로를 존귀하게 여기고, 그런 바탕 위에서 이웃과 더불어 살 수 있다고 했습니다.

우리는 세 편의 시를 통해 '나'와 타인의 관계를 새삼 재발견할 수 있었습니다. 나는 결코 홀로 존재하지 않습니다. 우리가 홀로 태어나고, 홀로 살아갈 수 있다면 굳이 타인을 인정하고 배려할 까닭이 없습

나는 어디에서 왔는가, 나는 지금 어디에서 무엇을 하고 있는가,
나는 어디로 가려 하는가. 이와 같은 근원적 질문에 대한 답을 찾아 나가다 보면,
내가 '관계의 주체'라는 사실과 직면하게 됩니다.

니다. 하지만 우리는 우주적 존재이고, 우주의 산물이며, 우주와 교감하는 가운데 살아갑니다. 그 누구도 이와 같은 상호연관성으로부터 예외일 수 없습니다. 내가 시간적으로, 또 공간적으로 이 우주의 모든 것과 촘촘하게 연관되어 있다는 엄연한 사실을 깨달을 때, 나는 존귀해집니다. 그리고 내가 존귀해져야 다른 사람은 물론 뭇 생명, 나아가 사물까지도 존귀하게 대할 수 있습니다.

자존감을 회복해야 자신감이 생깁니다. 자존감과 자신감 위에서 감수성을 활짝 열어 놓을 때, 내가 새롭게 보입니다. 그렇게 새로워진 내가 세계를 새롭게 받아들이게 됩니다. 세계가 내 안으로 들어올 뿐만 아니라 새로워진 내가 열린 세계 속으로 들어가기도 합니다. 이렇게 새로워진 나와 세계를 글로 쓰십시오.

시를 쓰라는 것이 아닙니다. 글, 글을 쓰십시오. 시는 감수성을 재발견하고 상상력을 키우는 하나의 수단입니다. 시 읽기를 통해 나와 이웃, 타인과 사물을 이해하는 능력을 키우면서 자신의 경험, 느낌, 생각, 꿈과 희망을 하나하나 글로 써 보십시오. 우리의 삶은 저마다 자기만의 이야기를 써 나가는 과정입니다. 그래서 글쓰기의 시작은 '나를 위한 글쓰기'가 되어야 합니다.

나는 어디에서 왔는가, 나는 지금 어디에서 무엇을 하고 있는가, 나는 어디로 가려 하는가. 이와 같은 근원적 질문에 대한 답을 찾아 나가다 보면, 내가 '관계의 주체'라는 사실과 직면하게 됩니다. 나를 주인공으로 하는 글을 써 나가다 보면, 내가 어떤 관계 속에서 성장했고,

그 관계들이 나를 어떻게 형성시켰는지를 하나하나 깨달아 갈 수 있습니다. 그것이 바로 내가 나 자신이 되는 과정입니다.

예컨대 '내 생애 최고의 순간', '잊을 수 없는 말 한마디', '잊을 수 없는 음식', '언제라도 다시 찾아가고 싶은 장소' 등을 주제로 산문을 써 보십시오. 미주알고주알 구체적으로 써 보십시오. 육하원칙에 따라 이야기를 구성해 보십시오. 누구에게 보여 주는 글이 아니니까 솔직하게 쓸 수 있습니다. 여러분이 여러분 자신에게 보여 주는 글입니다. 위와 같은 주제로 글을 쓰다 보면, 다음과 같은 자각에 도달하게 됩니다. 내 안에 이토록 놀라운 이야기가 있었구나, 내 안에 이렇게 '울고 있는 아이'가 있었구나, 내가 이런 관계 속에서 살아왔구나, 이런 관계가 오늘의 나를 만들었구나, 내가 결코 하찮은 존재가 아니었구나……. 꼭 시도해 보십시오. '나를 위한 글쓰기'를 거듭하는 동안 치유가 일어날 겁니다. 자존감의 회복이야말로 진정한 치유입니다.

내가 관계를 재발견하고, 관계 속에서 나 자신이 되는 것, 이것을 '홀로서기'라고 말할 수 있습니다. 이것이 진정한 성년식입니다. 내가 홀로 설 수 있을 때 이윽고 나는 타인과 더불어 설 수 있습니다. 홀로 선 두 사람의 만남, 이것이 진정한 우정이고 사랑입니다. 이것이 가장 아름다운 더불어 살기입니다.

우리는 저마다 하나의 이야기입니다. 완성되지 않은 이야기, 꿈이 실현될 때까지 쉬지 않고 지속되는 이야기, 내가 주인공인 이야기. 그 이야기의 저자가 바로 우리들입니다. 자기 삶을 써 나가는 저자가 바로 가장 바람직한 삶의 주인입니다. 창의적이고 주체적이고 실천적인 저자. 이런 저자의 글쓰기는 결국 '남을 위한 글쓰기'로 거듭납니다. 자기 자신이 아니라 남을 위해 자기 삶을 써 내려가는 저자. 이런 저자의 삶, 이런 저자의 글은 반드시 누군가에게 선물이 됩니다.

누군가에게 선물이 되는 삶을 살아가십시오. 이반 일리치라는 사상가가 말했듯이, 누군가에게 선물이 되는 삶이 인간이 성취할 수 있는 가장 성공적인 삶입니다. 우리는 저마다 누군가로부터 끊임없이 선물을 받으며 여기까지 왔습니다. 앞으로도 그러할 것입니다. 이제 받은 선물을 되돌려 줘야 합니다. 선물을 받기만 하는 사람은 어린아이입니다. 우리가 누군가에게 선물을 주기 시작할 때, 그때 진정한 어른, 자기 삶의 주인, 건강한 사회적 존재가 되는 것입니다.

시를 읽으며 상상력을 키우십시오. 감정이입, 의인화를 통해 자존감을 회복하십시오. 지나온 삶에 대해 글을 쓰면서 자기 자신과 다시 만나십시오. 그러면 자신감이 생기고 한두 문장으로 요약할 수 있는 꿈을 움켜쥘 수 있을 것입니다. 그리고 스스로 질문하십시오.

'나는 어떤 사람에게 선물이 되는 삶을 살 것인가. 어떤 가치를 추구해야 누군가에게 선물이 되는 삶을 살 수 있을 것인가.'

밥 한 숟가락의 무게

서정홍 농부, 시인

사람은 모름지기 자연 속에서 자연을 따라 자연의 한 부분으로 자연스럽게 살아가는 것이 가장 좋은 삶이란 걸 깨닫고 농부가 되었습니다. 경남 합천 황매산 기슭에서 농사지으며 이웃과 아이들과 함께 배우고 깨달으며 살아가고 있습니다. 땀 흘려 일하는 사람이 글을 써야 세상이 참되게 바뀐다고 믿으며, 글쓰기에도 힘을 기울이고 있습니다.

펴낸 책으로는 시집 《58년 개띠》, 《아내에게 미안하다》, 《내가 가장 착해질 때》, 《밥 한 숟가락에 기대어》, 동시집 《윗몸일으키기》, 《우리 집 밥상》, 《닳지 않는 손》, 《나는 못난이》, 자녀교육 이야기 《아무리 바빠도 아버지 노릇은 해야지요》, 산문집 《농부시인의 행복론》, 《부끄럽지 않은 밥상》이 있습니다.

여러분 '자유'라는 낱말 좋아하세요? 제가 가장 좋아하는 낱말이 바로 '자유'예요. 얼마나 많은 사람들이 자유를 찾기 위해 목숨을 바쳤는지 우리는 알고 있어요. 자유를 억압하면 맞서 싸워야 해요. 혼자 싸워서 안 되면 함께 힘을 모아 싸워야 해요. 사람은 누구나 자유를 누릴 권리가 있으니까요. 그래서 저는 직업을 선택할 때도 '세상에서 가장 자유로운 직업이 뭘까?' 하고 생각해 봤어요. 여태 살아오면서 이런저런 많은 일을 했고 일본과 쿠바에서 공부도 해 봤는데, 공부를 하면 할수록 '농부가 되어야겠구나!' 하는 생각이 들었어요. 농부가 되어야만 자유롭게 내 삶의 주인이 되어 살아갈 수 있겠구나 싶었습니다. 그래서 지금은 경남 합천 황매산 기슭에 있는 작은 산골 마을에 뿌리를 내려 농사지으며 살고 있습니다. 여러분이 보기에는 어떠세요? 제가 자유로워 보이나요?

저는 아침에 일어나는 시간, 일하는 시간, 밥 먹는 시간, 낮잠 자는 시간, 공부하는 시간, 동무 만나는 시간과 같은 하루 일과를 제 뜻대로 정할 수 있어요. 농부가 되고부터 진정한 내 삶의 주인이 된 것입니다. 도시에서 직장에 다닐 때는 내 삶의 주인이 내가 아니었어요. 직장인들을 보세요. 우선 월급 주는 사람한테 잘 보여야 해요. 승진하려면 아부도 해야지요. 상사가 술 마시는 걸 좋아하면 먹기 싫어도 술집에 따라다녀야 하잖아요. 하지만 농부는 월급 주는 사람도 없고, 과장이나 부장으로 진급할 필요도 없어요. 그러니 누구한테 잘 보이기 위해 아부하지 않아도 돼요. 아침마다 양복 입고 자기 목을 조르는 넥타이도 멜 필요가 없어요. 날마다 면도하지 않아도 되니 멋있는 콧수염을 기를 수도 있고요. 흙 묻은 고무신을 신고 다녀도 아무도 나무라지 않아요. 얼마나 자유로워요. 세상에 어떤 직업도 농부만큼 자유롭지 않다고 생각해요.

물론 농부도 잘 보여야 할 대상이 있어요. 뭘까요? 맞아요, 땅. 또 있는데, 바로 하늘이에요. 하늘에서 비를 안 내려 주면 농사를 못 지어요. 햇빛이 없어도 농사를 못 지어요. 그래서 농부들은 아침에 일어나면 가장 먼저 하늘을 봐요. 도시 사람들은 비가 온다고 하면 우산만 쓰면 그만이잖아요. 농촌 사람들은 비가 온다고 하면 뭘 하는지 아세요? 설거지를 해야 해요. 비설거지. 비가 오려고 할 때 물건들을 비에 맞지 않게 거두거나 덮는 일을 비설거지라 해요. 국어사전에도 나오는 말이에요. 비 맞는 농기계나 연장은 없는지 살펴야 하고, 거름더미도 덮어야 하고, 논에 물길도 터 놔야 해요.

농부는 비가 온다고 하면 해야 할 일이 많아져요. 그래서 늘 하늘을 보고 삽니다. 하늘을 보고 날씨가 맑은지 흐린지 살피는 거예요. 날

씨에 따라 그날그날 할 일을 정해야 하기 때문이지요. '오늘은 날씨가 흐리고 덥지 않으니 밭의 풀을 매야지', '비가 알맞게 내리니 고구마 모종 심기 딱 좋네', '오늘은 아침부터 큰비가 내리니 '농부 생일'이다 생각하고 푹 쉬어야겠구나' 하고 말이죠. 이렇게 농부의 하루하루는 하늘의 도움을 받아야 해요. 그러니 하늘한테 잘 보여야 하겠지요. 이해관계 때문에 사람한테 잘 보여야 하는 것보다 훨씬 낫지 않나요? 그러니 도시 사람들에 견주면 농부의 삶이 더 자유로울 수밖에 없어요. 월급과 승진에 목숨 걸며 비굴하게 살아가지 않아도 되고 남과 견주며 스스로 초라해질 까닭도 없고요.

• 농부가 없으면 우린 무얼 먹고 살까

저는 산골 마을에 처음 들어갈 때 돈이 없어서 논과 밭을 빌려서 농사를 지었어요. 집 지을 돈도 없어 빈집을 빌려 살았어요. 요즘은 산골 다랑논과 밭은 공짜로 빌려 주어 농사지을 데가 많아요. 옛날에는 남의 논을 빌려서 부치면 '도조'라고 해서 논 한 마지기당 수확한 벼 몇 가마를 땅 빌린 대가로 땅주인에게 주었다고 해요. 근데 요즘은 거의 공짜로 빌려 줘요. 농사지을 사람이 없어 묵은 논밭이 그만큼 많다는 거죠. 더구나 농사를 안 지으면 논둑과 밭둑이 무너져요. 그러니 땅을 묵히는 것보단 누군가 농사를 짓게 하는 게 더 낫지요.

옛날 어른들은 한 해만 논농사를 안 하면 논 가운데에 바위가 저절로 생겨 쑥쑥 자란다고 했어요. 논을 묵히면 나무도 자라고 풀도 자라고 해서 다음에 농사짓기 힘들다는 뜻이겠지요. 우리 마을에도 해마다 묵히는 작은 논밭이 늘어나고 있어요. 땅이 없으면 그런 논밭을 빌려 농사지으면 돼요. 옥수수 먹고 싶으면 옥수수 심고, 건강에 관심이 있으면 약초를 심고, 감자를 좋아하면 감자 심고, 고구마를 좋아하면 고구마 심고, 자기가 좋아하는 걸 심으면 돼요. 돈벌이는 크게 안 되지만 굶지 않고 살 수는 있어요. 저는 농부가 되고 삼사 년 지나고 나서야 돈벌이도 조금 되고 몸과 마음도 편안해지기 시작했어요. 누가, 무슨 일을 하든, 부지런하게 땀 흘려 일하면서 기다릴 줄 알아야만 뜻을 이룰 수 있다고 생각해요.

요즘 도시 상황을 보면 어떻습니까. 도시는 정말 많은 문제를 안고 있어요. 요즘엔 대학 진학률이 80%가 넘잖아요. 그런데 정작 취업은 안 돼서 많은 젊은이가 직업도 없이 살아가고 있어요. 실업 문제가 심각하다는 얘기지요. 그런데도 너 나 할 것 없이 도시로 몰려가니 주택 문제도 발생해요. 요즘 아파트가 평당 얼마입니까? 사람들이 자꾸 몰리는 곳은 평당 1,000만 원이니 2,000만 원이니 하면서 자고 나면 값이 오른다고 해요. 시멘트로 둘러싸인 닭장 같은 아파트가 평당 몇천만 원이나 한다는 것도 우습지만, 그게 잘 팔린다는 것은 더욱 황당합니다. 아이들이 좋아하는 감나무 포도나무 한 그루 심을 수 없고, 닭 한 마리 토끼 한 마리 기를 수 없고, 흙 한 줌 없는 그런 집이 말이에요. 사람들이 너무 많이 몰려 살다 보니 이런 일이 당연하다는 듯이 일어나는 게지요. 더구나 그런 집마저 돈이 없어서 못 사는 사람도 많다니 더욱 기가 찰 노릇이지요. 사람과 자연을 갈라놓고 사람과 사람을 갈라놓는 아파트를……. 농촌은 날이 갈수록 빈집이 늘어만 가는데 말입니다.

교통문제는 또 얼마나 심각해요. 자동차를 타고 10분이면 갈 수 있는 거리를 사람이 몰리는 출퇴근 시간이나 주말에는 30분, 심지어 1시간 넘게 걸려서 가야 하잖아요. 도시마다 길을 넓히고 여기저기 지하도로까지 만들어도 사람이 하도 많이 살다 보니까 교통이 이만저만 복잡한 게 아니에요. 도로가 차량을 감당할 수 없게 된 거지요.

환경문제도 심각해요. 도시에 가서 가로수를 손으로 만져 보면 시커멓습니다. 자동차 매연 때문에 그래요. 오죽하면 먹는 물까지 돈을 주고 사 먹잖아요. 그러면서도 불안해해요. 조그만 물 한 병이 상품에 따라 500원짜리도 있고 1,000원이 넘는 것도 있어요. 저는 아직도 돈을 주고 물을 사 먹는다는 게 불편하기만 해요. 여러분들은 익숙한가요? 가만히 살펴보면 기름값보다 더 비싼 물도 많아요.

그리고 상가와 빌딩과 집집마다 돌리는 냉난방기는 많은 전기를 써요. 그렇게 되면 사람이 만든 것 가운데 가장 무시무시하다는 핵발전소도 자꾸 지어야겠지요. 더구나 콘크리트와 아스팔트로 뒤덮인 건물과 도로는 물 한 방울 스며들지 못합니다. 그러니 도시 자체가 지구온난화를 일으키는 진짜 주범이랍니다. 여러분은 어떻게 생각하십니까?

단 하나밖에 없는 지구가 인간들의 탐욕을 받아들이기에는 이제 한계가 왔다고 생각하지 않습니까? 지구가 몸살을 앓고 있다는 말은 벌써 옛말이 되었습니다. 이제는 아주 무시무시한 병이 들었으니까요. 그 밖에도 사람과 자연을 괴롭히고 죽이는 수많은 문제들이 넘쳐 나는 곳이 도시예요.

다른 무엇보다 심각한 것은 바로 경쟁이에요. 당장 여러분들을 보세요. 밀양이라는 작은 도시에 살고 있지만 서로 경쟁하고 있잖아요. 하물며 헤아릴 수 없이 많은 사람이 몰려 살고 있는 대도시 학생들은 어떻겠어요? 학원에 다니면서도 불안해해요. 친구들에게 뒤처지지 않으려고 하루도 마음 편할 날이 없어요. 이처럼 조금만 생각해 보면 도시라는 공간이 얼마나 많은 사람의 영혼을 망가뜨리고 있는지 누구나 다 알 수 있어요.

저는 여러분들이 숲이 있고 새들이 노래 부르는 자연으로 돌아가서 농부가 되는 꿈을 꿨으면 좋겠어요. 그렇다고 다 농부가 될 필요는 없고, 이 중에 한 70%만 농부가 되면 좋겠어요. 존경할 만한 세계적인 석학들도 한 나라의 인구 분포가 농촌에 70%, 도시에 30% 정도는 되어야 한대요. 그래야 그 나라가 튼튼할 수 있대요. 그런데 우리나라 농촌 인구가 전체 인구의 몇 퍼센트쯤 되는 줄 아세요? 2012년까지는 그래도 7%는 됐는데, 통계청 자료에 따르면 2013년도에는 6.7%까지 떨어졌대요. 그래서 농촌 인구 7%가 무너졌다고 텔레비전 뉴스와 신문마다 일제히 보도했어요.

여러분, 생각해 보세요. 농촌 인구가 70%는 되어야 나라가 튼튼하다고 하는데 우린 고작 7%도 안 되니 이걸 제대로 된 나라라고 할 수 있겠어요? 나라라고 말하기가 부끄럽습니다. 더구나 이 7%도 안 되는 농촌 인구 가운데 60세 이상의 노인들이 절반쯤 된대요. 시골에선 '58년 개띠'인 저 같은 사람도 젊은이에 속해요. 이삼십 대 젊은이는 눈을 씻고 보아도 찾기 어려운 곳이 바로 농촌입니다. 여러분이 사 먹는 국산 쌀이니 배추니 콩이니 하는 것들은 거의 60~80대 노인들이 농사지은 거예요. 그분들 덕에 여러분들이 먹고사는 거예요. 정말 부끄러운 일입니다. 부끄러움을 모르는 사람들이 사는 나라, 이걸 어떻게 나라라고 할 수 있겠어요. 젊은이들이 힘든 농사일을 해서 노인들을 먹여 살려야 할까요? 아니면 노인들이 힘든 농사일을 해서 젊은이들을 먹여 살려야 할까요? 조금만 생각해 보면 '그래, 이게 아니구나. 우리가 지금 거꾸로 살고 있어' 이런 생각이 틀림없이 들 거예요.

우리나라 전체 곡물자급률은 얼마나 될 것 같아요? 2013년 8월 30일자 〈농민신문〉 기사에 따르면 2010년 27.6%에서 2011년 24.3%, 2012년 23.6%로 떨어졌대요. 2010년 104.5%였던 쌀 자급률도 2012년 86.1%까지 떨어졌대요. 보리 자급률도 18.3%밖에 안 된대요. 여러분들이 좋아하는 빵과 과자, 라면, 국수, 짜장면, 짬뽕, 피자 들을 만드는 밀 자급률은 2011년 1.9%에서 다시 1% 밑으로 떨어졌대요. 우리가 먹는 밀의 99% 이상은 수입 밀이라는 게지요. 이런 우리나라 현실이 하도 안타까워 쓴 제 시 한 편 읽어 드릴게요.

시청자 여러분! 그동안 안녕하셨습니까? 지금 막 들어온 긴급 뉴스를 알려 드리겠습니다. 차마 고향을 버리지 못하고 농사짓고 살아가던 몇 안 남은 늙은 농민들이, 농사일 힘에 버거워 자기 먹을 농사만 짓기로 결의하고 파업을 한 지 벌써 한 달이 지났습니다. 그래도 사람들은 큰 걱정을 하지 않았습니다. 왜냐면 돈이 있기 때문입니다. 돈만 있으면 수입 농산물을 얼마든지 사 먹을 수 있기 때문입니다. 그런데 설마설마했던 일이 현실로 다가왔습니다. 한국 농민뿐만 아니라 중국, 미국, 인도, 칠레, 세계 모든 농민들이 파업에 동참하는 바람에 마구 들어오던 수입 농산물마저 완전히 끊겨 버렸습니다.

지금 전 세계, 모든 도시는 거의 먹고살기 위한 전쟁터로 변했습니다. 사람들은 굶주린 배를 움켜쥐고 대도시 큰 상점뿐만 아니라 마을 구멍가게까지 침입하여 약탈해 갔습니다. 수십 억 수백 억짜리 예배당 따위도 사람 그림자조차 찾을 수 없이 텅텅 비었습니다. 이제 평당 몇 천만 원 한다는 고급 아파트를 몇 만 원에 내놓아도 팔리지 않습니다. 잘 돌아가던 조선소도 자동차 공장도 문을 닫았습니다. 유명하다는 식당도 병원도 약국도 모든 관공서도 모두 문을 닫았습니다.

그나마 불행 가운데 다행인 일은, 양심이 살아 있는 사람들이 함께 살길을 찾아 흙냄새 물씬 나는 농촌 들녘으로 돌아가고 있다는 것입니다. 도시에서 음식 쓰레기통을 뒤져 살아가던 쥐와 고양이와 새들도, 사람들이 던져 주는 먹이로 살아가던 모든 짐승들도, 그들을 따라 가고 있습니다. 밤마다 손님을 받기 위해 잠도 자지 않고 설쳐 대던 편 의점과 식당과 술집과 노래주점과 나이트클럽과 온갖 가게들과 화려 하고 웅장한 모든 시멘트 건물들이 하나 둘 폐허로 변했습니다.

시청자 여러분! 이제 선택은 여러분의 몫입니다. 우리가, 우리도 모 르게 버리고 떠난 고향이 우리를 애타게 기다리고 있습니다. 어쩌면 집 나간 아들 기다리듯 오래전부터 우리를 기다리고 있었는지 모릅 니다. 도시에서 갖은 쓰레기를 다 만들어 내면서 입으로만 지구를 살 려야 한다는 둥 양심을 지켜야 한다는 둥 떠들어 대던 신부도 수녀도 목사도 집사도 교사도 교수도 박사도 철학자도 예술가도 시인도 정치 인도, 이제야 제정신을 차리고 떠날 채비를 서두르고 있습니다.

시청자 여러분! 도시에서 들려 드리는 마지막 뉴스를 마치겠습니 다. 그동안 저희 방송을 끝까지 시청해 주셔서 고맙습니다. 저희 방송 국도 오늘 보따리를 쌌습니다. 그럼 고향에서 다시 뵙겠습니다. 안녕 히 계십시오.

— 서정홍, 〈마지막 뉴스〉

이런 안타깝고 무서운 세상이 언제 올지 누가 알겠습니까. 우리나 라는 75% 넘는 곡물을 수입에 의존하고 있으니까요. 국민들이 먹고 살 식량을 제 나라에서 충당하지 못하고 수입 농산물에 기대는 나라를 어찌 튼튼한 나라라고 떳떳하게 말할 수 있을까요. 만일 미국이나 호주, 캐나다 같은 나라에서 우리나라에 더 이상 밀을 수출하지 않겠다고 하면 어떻게 될까요? 지구온난화로 말미암아 기상이변이 일어나 홍수와 가뭄이 들었다고 생각해 봐요. "흉년이다 보니 너네 같은 조그만 나라에 줄 게 없다"고 하면 어떤 현상이 벌어질까요? 당장 밀 한 품목만 수입이 중단돼도 식량난이 심각해질 거예요. 가장 먼저 여러분이 좋아하는 빵, 과자, 라면 같은 밀을 가공해 음식을 만드는 공장과 식당들이 모두 문을 닫아야 할 거예요. 물론 어느 정도 쌓아 둔 게 있겠지만, 밀 소비량의 99% 이상을 수입에 의존하기 때문에 금세 동나지 않겠어요? 수백만 명이 하루아침에 직장을 잃게 되는 문제도 발생할 거예요. 우리가 먹는 음식 가운데 약 35%가 밀로 만든 음식이래요. 그러니 얼마나 많은 사람들이 피해를 입겠어요. 이렇게 밀 한 품목만 수입이 중단돼도 나라에 큰 혼란이 오는데 콩, 옥수수, 감자 같은 품목까지 수입이 중단된다면 우린 뭘 먹고 살 수 있을까요? 컴퓨터와 텔레비전을 뜯어 먹고 살 수 있을까요? 냉장고와 자동차를 뜯어 먹고 살 수 있을까요? 아니면 아파트 벽을 뜯어 먹고 살 수 있을까요? 여러분에게는 이제 필수품이 된, 잠시라도 없으면 불안한 스마트폰을 뜯어 먹고 살 수 있을까요? 이건 제가 얼마 전에 쓴 시예요.

밥 한 숟가락

목으로 넘기지 못하고

사흘 밤낮을

꼼짝 못하고 끙끙 앓고는

그제야 알았습니다.

밥 한 숟가락에 기대어

여태

살아왔다는 것을.

— 서정홍, 〈밥 한 숟가락에 기대어〉

사람은 밥 한 숟가락에 기대어 사는 게지요. 사람은 흙에서 난 것이 아니면 먹을 게 없어요. 그래서 누군가는 농사를 지어야 해요. 미국 농부든 칠레 농부든 중국 농부든, 누군가가 땅을 갈고 씨를 뿌리고 가꾸어서 거둬들이기 때문에 우리가 살아갈 수 있는 거예요. 여러분이 좋아하는 아이돌 가수나 영화배우도 다 마찬가지예요. 탤런트 김수현도 축구 선수 박지성도 먹어야 살 수 있잖아요. 인간은 땅에서 난 것을 먹지 않고는 아무도 살아갈 수 없어요. 제 아무리 똑똑하고 잘난 사람이라 하더라도 농부가 키운 농산물을 먹지 않고는 살아갈 수 없습니다. 신부, 수녀, 승려처럼 수행하는 분들도 마찬가지고요.

· 이 시대의 성직, 농부

　오래전부터 많은 신학자와 철학자, 시인들이 농부를 뭐라고 표현한 줄 아세요. 농부를 물과 같다고 그랬어요. 풀도, 나무도, 사람도 물이 없으면 살 수 없어요. 또 농부를 바람과 같다고 했어요. 바람이 없으면 식물이 자랄 수 있을까요? 민들레 씨앗을 봐요. 바람이 불어야 멀리멀리 날아서 새싹을 틔우잖아요. 또 농부를 공기와 같다고 그랬어요. 공기가 없으면 단 한순간도 살 수 없지요. 그리고 또 농부를 흙과 같다고도 했어요. 흙이 없으면 사람은 물론 지렁이 한 마리, 나무 한 그루 살 수 없지요. 마지막으로 농부를 햇빛과 같다고 했어요. 햇빛이 없으면 어찌 살 수 있을까요? 생각만 해도 끔찍해요.

　그들은 왜 농부를 물과 바람과 공기와 흙과 햇빛과 같다고 했을까요? 모두 생존을 위해 없어선 안 될 소중한 것이기 때문이에요. 그리고 모두 돈으로 살 수 없는 것이고요. 그래서 그들은 농부를 성직 가운데 가장 훌륭한 성직이라고 했어요.

　저는 농사지으면서 깨달은 게 헤아릴 수 없이 많아요. 46년 동안 도시에서 살다가 농부가 된 지 이제 8년밖에 안 됐는데 말이죠. 산골에 들어와 농사지으면서 도시에서 살았던 46년을 가만히 돌아보았어요. 단 한순간도 없어서는 안 될 자연과 생명에 대한 깊은 생각도 없이 쓰레기처럼 살았구나 싶었습니다. 입만 살아서 시인이니 어쩌니 거들먹거리며 학교로 도서관으로 돌아다녔구나 싶었어요. 경상도 말로 입을 사람은 밥 한 숟가락에 기대어 사는 게지요. 사람은 흙에서 난 것이 아니면 먹을 게 없어요.
그래서 누군가는 농사를 지어야 해요. 미국 농부든 칠레 농부든 중국 농부든,
누군가가 땅을 갈고 씨를 뿌리고 가꾸어서 거둬들이기 때문에 우리가 살아갈 수 있는 거예요.

뭐라고 해요? '주둥이'라는 말 들어 보았지요? 도시에서 산 46년의 삶은 정말 주둥이로만 살아온 것 같아요. 제가 도시에 살 때, 누가 "네 삶은 쓰레기야"라고 말했다면 절대 받아들일 수 없었을 거예요. 누가 자기 욕을 하는데 '옳거니, 네 말이 맞다'라고 할 사람이 몇이나 있겠어요. 받아들일 마음이 없는 사람에게 충고는 비난으로 들리니까요. 농부가 되어 논밭에서 땀 흘리며 일하지 않았다면 절대 깨달을 수 없었을 거예요. 여러분은 저보다 더 일찍 농업과 농촌의 소중함을, 그리고 자연과 생명의 소중함을 깨달았으면 좋겠어요.

여러분은 '자연만큼 위대한 스승은 없다'는 말을 여기저기서 많이 들었지요? 저도 살면서 수없이 많이 들었는데요, 그걸 머리로만 알아들었지 가슴으로 이해하진 못했던 것 같아요. 산골 마을에서 농사짓고 살면서야 비로소 '정말 자연보다 위대한 스승은 없구나' 하고 깨닫기 시작했어요. '흙이 없으면 햇빛이 없으면 나무가 없으면 지렁이가 없으면 사람도 살 수 없구나.' '정말 소중한 것은 돈으로 살 수 없구나.' '돈벌이 안 되는 줄 뻔히 알면서도 땡볕 아래에서 논밭을 일구는 농부가 없으면 아무도 살 수 없구나.' '이 세상 직업 가운데 농부만큼 소중한 직업은 없구나.' 이런 생각을 농사지으면서 하게 되었습니다. 도시에서 철도 모르고 나오는 음식을 먹고 살았으니 철이 늦게 든 게지요.

• 까치가 일깨워 준 '사람의 길'

지금부터 우리 집 가까이 오래된 느티나무에 사는 까치 부부 이야기를 들려드릴게요. 이 까치 부부가 못나고 어리석은 저를 철들게 했어요. 어느 이른 봄날에 까치 두 마리가 느티나무에 집을 짓기 시작했어요. 여러분은 까치가 집 짓는 것을 본 적 있나요? 저는 그날 농사일 제쳐 두고, 한 예닐곱 시간 남짓 가만히 앉아서 까치들이 집 짓는 것만 봤어요. 한 마리가 끊임없이 나뭇가지를 물어다 주면, 나무 꼭대기에 있던 다른 한 마리가 그 나뭇가지로 얼기설기 집을 짓더군요. 참으로 신기하다는 생각이 들었어요. 점심 무렵이 돼서 밥을 먹고 다시 보려고 일어나려는데, 나뭇가지를 물어다 주는 까치가 부리에 물고 올라가던 나뭇가지를 땅으로 툭 떨어뜨린 거예요. 어떻게 할지 궁금해서 가만히 쳐다봤어요. 쏜살같이 내려오더니 자기가 떨어뜨린 나뭇가지를 딱 물고 다시 올라가는 거예요. 느티나무 아래에는 겨울 동안 떨어진 나뭇가지가 많았는데 말이죠. 그때 문득 이런 생각이 들었어요. '아, 저 까치가 나무 위에서 집을 짓는 까치에게 꼭 필요한 나뭇가지를 물어다 주는구나. 짧은 나뭇가지가 필요할 때는 짧은 걸 물어다 주고, 긴 나뭇가지가 필요하면 긴 걸 물어다 주고. 까치들은 서로 소통하면서 집을 짓고 있구나.'

여러분은 혹시 텔레비전 뉴스나 신문 기사에서 까치집이 태풍에 날아갔다는 말을 들어 본 적 있나요? 못 들어 봤죠. 한 번도 들어 본

적이 없을 거예요. 중국의 고서 《본초강목本草綱目》에는 까치가 다음 해의 바람 부는 방향을 미리 알고 둥지를 만든다고 해요. 더구나 바람이 많을 것 같으면 반드시 낮은 곳에 둥지를 만든다고 적혀 있대요. 신기하지 않나요? 까치는 누가 가르쳐 주지도 않았는데 어떻게 그런 집을 지을 수 있을까요? 건축가나 공학박사도 아닌데 큰 태풍이 몰아쳐도 날아가지 않는 튼튼한 집을 지을 수 있는 게 참 신기하지 않나요? 그날, 저는 하루 내내 까치들이 집을 짓는 걸 보았습니다. 저녁에는 까치들과 인사를 나누고 악수를 하며 서로 친구가 되기로 약속했고요.

믿기지 않는다고요? 프란치스꼬 성인 같은 분은 동식물과 서로 말을 주고받으며 살았대요. 아래 일화는 꽤 유명한 것이랍니다. 까를로 까렛도가 지은 《프란치스꼬 저는》이라는 책에 나오는 내용입니다. 한번 읽어 드릴게요.

프란치스꼬가 다른 수사와 함께 베네치아 늪지를 걷고 있을 때 갈대 사이에서 지저귀고 있는 거대한 새 떼를 만났다. 성인은 새들을 보았을 때 동료들에게 말했다. "우리의 자매인 새들은 그들의 창조주를 찬양하고 있습니다. 우리도 그들 속에 들어가 성무일도를 드리며 하느님을 찬미하는 노래를 부릅시다." 그들이 거기 있는 새들 틈에 끼어들었는데 새들이 너무도 시끄럽게 지저귀고 있었기 때문에 수사들은 자기들의 성무일도 바치는 소리를 들을 수 없었다. 마침내 성인은 그들에게 돌아서서 "자매들이여, 찬양받을 권리를 가지신 하느님께 우리가 찬양을 드릴 때까지 지저귀지 말아 다오”라고 말하자 새들은 곧 조용해졌으며 동료들이 성무일도를 바칠 넉넉한 시간을 가지고 또 찬미를 다 바치고 난 후 프란치스꼬가 다시 그들에게 노래하길 허락할 때까지 그대로 있었다. 그 뒤 새들은 일상처럼 노래하기 시작했다.

이렇게 옛날 사람들 가운데는 동식물과 의사소통이 가능한 사람이 꽤 있었어요. 왜 지금은 없을까요? 왜 새와 나무와 꽃들은 사람들과 말을 주고받지 않을까요? 원래 짐승과 곤충은 물론 나무와 꽃까지 사람들과 말을 주고받으며 사이좋게 지냈대요. 그런데 어느 날부터 인간들이 너무 이기적인 데다 잘난 체하고, 거짓말과 변명만 둘러대서 동식물들이 너희 같은 족속하고는 이야기하고 싶지 않다며 말문을 닫아버렸대요. 그렇게 몇천 년이 흐르다 보니 인간은 자연과 소통하는 법을 잊어버린 거래요.

그래서 저는 까치들에게 통사정을 했어요. 나랑 말도 주고받으며 사이좋게 지내자고요. 무슨 말이냐고요? 여러분도 알다시피 까치는 텃새예요. 한 마을에서 사람들과 같이 살아요. 농부들이 밭을 갈 때 아주 가까이 다가와서는 아무렇지 않게 먹이를 찾을 때면 능글맞아 보이기까지 해요. 익숙한 마을 사람이 아닌 낯선 사람이 찾아오면 “카칫, 카칫” 또는 “카칵, 카칵” 소리를 내며 울기도 해요. 까치가 울면 손님이 찾아온다는 말이 아예 틀린 말은 아닌 것 같아요. 그러니 둥지를 짓고 있는 까치들을 관찰한 제 행동은 일종의 ‘관계 맺기’였습니다. 서로 낯을 익히고 친해지는 과정이었으니까요. 한 마을에서 같이 사는데 얼마든지 친구로 지낼 수 있지 않겠어요? 이렇게 그 봄날부터 까치 부부와 저는 친구가 됐어요.

오늘도 여러분을 만나려고 집을 나서는데, 까치 부부가 길을 탁 막더니 "정홍아, 또 어디 가냐?" 하고 시비조로 말을 걸어요. 저는 "오늘 부산대학교 밀양캠퍼스에 학생들 만나러 간다"고 했지요. 그랬더니 "농사는 안 짓고 어디를 싸돌아다니느냐. 사람과 자연을 괴롭히는 독한 농약과 화학비료, 비닐까지 안 쓰고 농사짓는다며 큰소리치더니 정작 농사는 뒷전이잖아. 생강밭, 고추밭, 옥수수밭 여기저기 김매기를 해야 할 산밭이 얼마나 많은데……" 이렇게 잔소리를 자꾸 하더니 여러분에게 이 말을 꼭 전해 달래요. 무슨 말인지 궁금하지요?

"정홍아! 오늘 학생들 만나면 말이야, 어른이 되면 조그만 집에 살아야 한다는 말을 꼭 하고 와. 왜냐고? 우리 동무들을 보렴. 까치든 참새든 딱새든 둥지를 크게 짓지 않아. 새끼를 낳아 기르는 데 불편함이 없을 만큼만 짓지. 욕심 많은 사람들처럼 절대 크게 짓지 않아. 부모도 모시고 살지 않으면서 서른 평, 마흔 평짜리 집에 산다는 게 말이 되느냐고. 지구촌 사람들이 모두 큰 집에 산다고 생각해 봐. 전기도 많이 써야지, 그러면 무시무시한 핵발전소도 자꾸 지어야지, 물도 많이 써야지, 가스와 기름도 많이 써야지, 그렇게 되면 결국 지구온난화로 지구촌 곳곳에서 기상이변이 일어나 홍수와 가뭄이 들어 사람이 살 수 없는 세상으로 변할 거야.

큰 집, 큰 승용차, 큰 냉난방기와 그걸 가진 사람들이 결국 지구온 난화를 일으키는 주범이 되는 거지. 큰 집에 산다는 것은 자라나는 아 이들 앞에 자랑스러운 일이 아니라 부끄러운 일이야. 복을 짓는 게 아 니라 죄를 짓는 거지. 희망을 주는 게 아니라 절망을 주는 게지. 그리 고 말이야. 한 사람이 집을 꼭 한 채만 가지라고 해. 아무리 돈이 많아 도 집은 한 채만 가져야 해. 지금도 집이 없어 방황하는 가난한 이웃들 이 얼마나 많은데, 사람의 탈을 쓰고 어찌 집을 두 채 이상 가질 수 있 냐고. 우리 동무인 참새도 딱새도 지렁이도 달팽이도 벌도 나비도 고 등도 모두 집이 한 채야. 사람들은 공부도 하고 좋은 책도 읽고 종교도 있고 생각도 있고 영혼도 있다면서 어찌 그리 욕심을 부릴 수가 있는 지 이해할 수 없어.

오늘 만나는 학생들은 절대 이런 쓸데없는 욕심을 가지지 말아 달 라고 전해 줘. 어떻게 하면 유명한 대학에 가서 편안하게 살 것인가보 다는 어떻게 하면 단순하고 소박한 삶을 살면서 지구온난화를 막을 것인가, 이런 데 마음을 써 달라고 해. 그래야만 우리가 천년만년 건강 한 몸으로 행복을 누리며 살 수 있지 않겠어?"

저는 까치 부부 말을 들으면서 여태 생각하지 못한 많은 진리를 깨 닫게 되었습니다. 여러분은 오늘 저랑 약속할 수 있겠습니까? 앞으로 어른이 되면 아무리 돈이 많아도 스무 평 남짓 되는 작은 집에서 살겠다고. 그리고 집을 딱 한 채만 갖겠다고요. 약속할 수 있는 학생은 손 들어 봐요. 와아, 많구나 많아. 이 세상은 우리가 애쓰는 만큼 깨끗해지고 아름다워집니다.

제가 일본에서 생활협동조합에 대해 공부하고 있을 때, 일본에서 열 손가락 안에 든다는 부자 할아버지를 만났어요. 그런데 그 할아버지는 일곱 평짜리 집에 살고 있다고 했어요. 여러분은 일곱 평짜리 집을 떠올리면 어떤 생각이 드나요? '비좁고 불편하다' 뭐 이런 생각이 들 거예요. 저도 여러분 생각과 마찬가지여서 그 할아버지께 "그렇게 집이 작으면 불편하지 않습니까?" 하고 물었어요. 할아버지는 "자식들은 다 자라 떠나고 할멈이랑 둘이 살아요. 일곱 평이라도 둘이 사는 데는 아무런 불편함이 없어요. 집이라는 게 뭐예요. 밥 먹을 밥상, 잠을 잘 침대, 공부할 책상만 있으면 되잖아요. 그런데 집이 더 클 필요가 있겠어요?" 하시면서 일곱 평짜리 집에 사는 걸 퍽 자랑스럽게 말씀하시더군요.

우리나라는 어떻습니까. 연예인이나 스포츠 스타들이 돈 좀 벌었다 하면 크고 좋은 집 샀다는 이야기가 텔레비전이나 신문 기사에 나옵니다. 심지어 유명 작가들까지 그런 기사에 오르내립니다. 그런 정신으로 좋은 연기를 할 수 있을까요? 그런 정신으로 좋은 선수가 될 수 있을까요? 그런 정신으로 글을 써서 세상을 아름답게 만들 수 있을까요? 스스로 소박하고 단순하게 살아야만, 스스로 조금 불편하고 가난하게 살아야만, 하나뿐인 이 지구를 살릴 수 있지 않을까요?

저와 우리 마을 가까이 사는 귀농한 젊은이들은 대부분 농약과 화학비료를 안 쓰고 농사지으며 살아요. 비닐도 쓰지 않고요. 환경을 오염시키지 않고 건강한 먹을거리를 생산하기 위해 애를 쓰는 것이지요. 이 땅에 여러분이 없었으면 어쩌면 논밭에 농약도 치고 화학비료도 마구 뿌렸을지 몰라요. 고추와 감자를 심을 때도 두둑에 비닐을 덮어씌우고 농사를 지었을 거예요. 두둑에 비닐을 씌우면 여름 내내 뜨거운 땡볕 아래서 풀을 매지 않아도 됩니다. 수확량도 많아지고요. 두둑에 비닐만 씌우면 농사짓기가 얼마나 수월한지 몰라요. 그걸 잘 알면서도 비닐을 쓰지 않는 까닭은 여러분이 존재하기 때문입니다. 여러분에게 조금이라도 깨끗하고 아름다운 세상을 물려주고 죽어야 마음이 편하지 않겠습니까. 어른들의 몹쓸 탐욕 때문에 흙이 병들고 물이 병들고 온 지구가 병들어 여러분이 고통스럽게 산다면 우리가 어찌 마음 편하게 눈을 감을 수 있겠습니까.

저는 여태 정말 잘못 살아왔습니다. 이 땅의 기성세대는 대부분 철학도 없이 경제성장만 내다보고 살아왔습니다. 사실 저는 이 자리에 있을 자격조차 없는 부끄러운 사람입니다. 어리석고 못난 제 삶을 뒤돌아보면 금세 깨달을 수 있습니다. 여러분한테 수천수만 번 무릎 꿇고 빌어도 용서받지 못할 많은 죄를 짓고 살아왔습니다. 맑은 개울과 강을 오염시켜 기름값보다 비싼 물을 돈을 주고 사 먹게 만들었습니다. 목숨을 살려 주는 음식조차 수입 농산물에 맡겼습니다. 아토피와 천식과 암과 같은 무서운 병에 시달리도록 함부로 쓰고 함부로 버렸습니다. 환경도 정치도 교육도 무엇 한 가지라도 자랑스럽게 물려줄 게 없습니다. 이 땅에서 살아가는 기성세대들한테 배울 것은 한 가지뿐입니다. '경제 논리'에 빠져 부끄러운 줄도 모르고 살아온 기성세대들을 닮지 않아야 한다는 것, 그것뿐입니다. 기성세대들은 농업이고 환경이고 교육이고 정치고 종교고 가리지 않고 모두 엉망진창으로 만들어 놓았습니다. 그러니 차라리 까치에게, 나무에게, 지렁이에게 배울 게 훨씬 더 많지 않겠어요?

• 똥오줌이 황금보다 귀하다

저는 사람이 태어나서 해서는 안 되는 부끄러운 일 가운데 하나가 바로 자기가 눈 똥오줌을 수세식 변기에 버리는 것이라고 생각해요. 여러분에겐 지극히 당연하고 자연스러운 일이겠지만요. 똥오줌을 거름으로 만들어 흙으로 돌려주면 곡식도 자라고 과일도 자랄 텐데, 이 것을 물과 섞어서 버리기 시작하면서부터 지구 환경에 문제가 생기기 시작했어요. 어떤 학자들은 수세식 변기로부터 지구 오염이 시작되었다고 해요. 여러분이 날마다, 하루도 빠짐없이 눈 그 많은 똥오줌은 어디로 갈까요? 한 번쯤 생각해 보셨나요? 가정 폐수와 함께 하수관을 통해 하수처리장으로 가지요. 그곳에서 약품 처리도 하고 여러 가지 과정을 거쳐 정화된 물은 바다든 어디든 흘려보내고 찌꺼기는 땅에 묻거나 태워 버린답니다. 그러니 논밭에 거름으로 쓸 수 없는 게지요. 황금보다 귀한 똥오줌을 그냥 땅에 묻거나 태워 버리거나 물에 흘려보내 버린다니! 여러분은 참 아깝다는 생각이 들지 않습니까?

혹시 집에서 똥오줌을 발효시켜 거름으로 쓰고 있는 학생이 있으면 손 한번 들어 보세요. 아무도 없네요. 이처럼 우리는 아무 부끄러움도 없이 똥오줌을 함부로 버리고 있습니다. 농부가 농사를 지으려면 가장 필요한 게 무엇인 줄 아세요? 거름이에요. 그럼 거름은 무엇으로 만들까요? 바로 똥오줌으로 만듭니다. 제가 초등학교에 다닐 때는 학교 마치고 나면 가방을 내팽개치고 길거리에서 소똥을 줍느라 해질녘까지 돌아다녔어요. 농사를 많이 짓는 농가에 소똥을 가져다주면 돈으로 바꿔 주었거든요. 그 돈으로 연필도 사고 책도 사고 그랬습니다. 사람이나 동물의 똥오줌은 더러운 게 아니라 귀한 것이었어요.

누구나 뱃속에 똥이 들어 있어요. 사람은 똥을 안고 살다가 똥을 안고 죽지요. 누가 우스갯소리로 그러더군요. 사람은 똥 만드는 기계라고요. 똥을 잘 만들어 잘 누면 건강하게 살 수 있고, 똥을 잘 만들지 못하면 건강한 삶을 누릴 수 없는 게 사람이니까요. 사람이 눈 똥오줌은 거름으로 쓰기에 좋대요. 영양가 있는 음식을 사람이 가장 많이 먹기 때문이지요. 생각해 봐요. 사람은 못 먹는 게 없죠. 완전 잡식이에요. 상추, 배추, 된장, 고추장, 포도, 사과, 미역, 다시마, 멸치, 갈치, 고등어, 닭고기, 돼지고기, 오리고기…… 몸에 좋다고 하면 별 희한한 것까지 닥치는 대로 다 먹어요. 곰 쓸개즙에 사슴 피까지 먹잖아요. 아마

정력에 좋다고 하면 지렁이와 바퀴벌레까지 다 잡아먹을 거예요. 그래서 사람 똥에는 영양 성분이 많다고 해요. 그러나 아무리 영양가 있는 홍삼을 먹고 개소주를 먹고 사슴 피를 먹어도 우리 몸은 30% 정도만 흡수하고 나머지는 똥오줌으로 배출한다고 합니다. 이 정도 말씀 드리면 왜 사람 똥오줌이 세상 어떤 똥오줌보다 좋은 거름이 되는지 알겠지요.

실제로 똥오줌이 없으면 아무도 살 수 없습니다. 권정생 선생님이 쓴 《강아지똥》이란 그림책을 알고 있나요? 이 책은 아무짝에도 쓸모없는 것처럼 여겨지던 강아지똥이 민들레 꽃을 피워 내는 소중한 거름이 되는 이야기를 통해 생명과 자연의 가치를 가르쳐 주고 있어요. 권정생 선생님은 지병으로 지쳐 있을 때, 처마 밑에 버려진 강아지똥이 비를 맞아 흐물흐물 녹아내리며 땅속으로 스며드는 모습을 보게 되었어요. 며칠이 지나, 강아지똥이 녹아내린 바로 그 자리에 놀랍게도, 앙증맞은 민들레꽃이 피어나 있었다고 합니다. 권정생 선생님은 순간 '아, 저거다!' 하면서 '강아지똥과 같이 보잘것없는 것도, 남들에게 천대만 받는 저런 것도, 자신의 온몸을 녹여 한 생명을 피워 내는구나'라는 사실에 깊은 감동을 받고 눈물을 흘렸다고 해요. 그러고는 며칠 밤을 새워 강아지똥 이야기를 썼답니다. 《강아지똥》에 그림을 그린 분은 정승각 선생님인데 강아지가 똥 누는 모습을 관찰하기 위해 강아지 뒤를 넉 달 동안 졸졸 따라다녔다고 해요. 그 뒤, 강아지똥의 모형을 찰흙으로 뜨고 밑그림을 그리는 데 두 달, 그러고도 다시 몇 달

을 보내고 마침내 강아지똥이 살아 움직이는 느낌을 받고 나서야 붓
을 잡고 그림을 그렸대요. 그 이야기를 듣고 저는 가슴이 찡했습니다.
오늘 이 자리에서《강아지똥》을 다 읽어 드리고 싶지만, 이 부분만 읽
어 보겠습니다.

보슬보슬 봄비가 내렸어요.

강아지똥 앞에 파란 민들레 싹이 돋아났어요.

"너는 뭐니?"

강아지똥이 물었어요.

"난 예쁜 꽃을 피우는 민들레야."

"얼마만큼 예쁘니? 하늘의 별만큼 고우니?"

"그래, 방실방실 빛나."

"어떻게 그렇게 예쁜 꽃을 피우니?"

"그건 하느님이 비를 내려 주시고,

따뜻한 햇볕을 쬐어 주시기 때문이야."

"그래애…… 그렇구나……."

강아지똥은 민들레가 부러워 한숨이 나왔어요.

"그런데 한 가지 꼭 필요한 게 있어."

민들레가 말하면서 강아지똥을 봤어요.

"……."

"네가 거름이 돼 줘야 한단다."

"내가 거름이 되다니?"

"네 몸뚱이를 고스란히 녹여 내 몸 속으로 들어와야 해.

그래야만 별처럼 고운 꽃이 핀단다."

"어머나! 그러니? 정말 그러니?"

강아지똥은 얼마나 기뻤던지

민들레 싹을 힘껏 껴안아 버렸어요.

여러분은 강아지똥 이야기를 듣고 나니 어떤 생각이 드나요? 강아지똥이 없으면 어떻게 민들레가 꽃을 피울 수 있겠어요. 사람인 우리도 마찬가지예요. 이 세상에 쓸모없는 사람이란 없어요. 남들이 뭐라 해도 자신의 존재 가치를 발견하면 자기를 사랑하게 되고 생명의 소중함을 느끼게 되지요. 하물며 사람 똥오줌은 개똥보다 더 훌륭한 거름이에요. (웃음) 그런데 우리는 아무 생각 없이 황금보다 소중한 똥오줌을 버리고 있어요.

여러분 혹시 생태뒷간이라고 들어 봤나요? 어쩌면 이런 말을 처음 듣는 학생도 있을 거예요. 저는 여러분이 농부가 되어 생태뒷간을 짓고 살았으면 좋겠어요. 저는 농부가 되고 나서야 생태뒷간을 지었어요. 층계를 대여섯 개 올라가면 똥오줌 누는 곳이 있어요. 거기에 앉아 편안히 볼일을 보면 남자든 여자든 상관없이 똥은 바로 밑으로 떨어지고 오줌은 깔때기를 통해서 따로 빠지게 돼 있어요. 오줌 내려가는 각도를 잘 맞춰 놨기 때문에 '정조준'하려고 억지로 애쓰지 않아도 돼요. 그렇게 따로 모아진 오줌은 몇 달 지나면 논밭에 거름으로 쓰인답니다.

그런데 똥을 누고 나서 해야 할 일이 있어요. 작은 단지 안에 잘 섞어 놓은 왕겨와 재를 바가지로 퍼서 똥 위에 덮어 주고 나와야 해요. 왕겨는 벼의 겉껍질을 말하는데요, 왕겨에는 미생물이 어마어마하게 많다고 해요. 재는 불에 타고 남은 가루지요. 저는 아궁이에 땔감을 지펴 방을 따뜻하게 데워 살아가기 때문에 재가 늘 아궁이에 있답니다. 재는 벌레를 쫓아내는 효과가 있다고 해요. 옛날에는 배추밭이든 오이밭이든 벌레가 이파리를 갉아 먹으면, 이파리에 재를 뿌렸다고 해요. 지금도 우리 마을 할머니들은 밭에 재를 뿌려요. 더구나 재는 아주 훌륭한 거름이 되기도 하고, 병든 땅을 치유하는 역할도 한대요. 그래서 똥 위에 왕겨와 재를 덮어 두면 냄새도 줄고 구더기가 생기지 않아요. 똥을 덮어 줄 때는 허리를 90도로 숙여야만 해요. 허리를 숙이지 않으면 왕겨와 재가 날리기 때문이지요. 허리를 숙이면서 '사람에 대한 예의만 있는 게 아니라 똥에 대한 예의도 있구나' 하고 생각하면 기분이 좋아져요.

똥통에 똥이 어느 정도 차면 저는 아내와 함께 똥통을 들고 집 근처에 있는 거름더미로 가요. 다른 거름들과 같이 잘 섞어 한 해 남짓 덮어 두었다가 가끔 뒤적거려 주면 좋은 거름이 된답니다. 이렇게 생태 뒷간을 지으면 똥과 오줌을 하나도 버리지 않고 거름으로 만들어 쓸 수 있어요.

여러분, 혹시 여행을 다니다가 지나가는 길에 우리 집에 들르게 된다면 지켜야 할 것이 있습니다. 휴게소에서 똥오줌을 누지 않고 오는 거예요. 참을 수만 있으면 최대한 참았다가 우리 집에 와서 눠야 해요. 쓸데없는 선물 같은 거 사 올 생각 하지 말고 그냥 뱃속에 똥오줌만 가득 채워 오면 돼요. 단, 여기서 한 가지 더 지킬 게 있어요. 우리 집에 오기 이삼일 전부터 불량 식품을 먹으면 안 돼요. 불량 식품을 먹고 똥을 누면 어떤 똥이 나올까요? 물어보나 마나 불량 똥이 나오겠지요. 불량 똥으로 거름을 만들어 곡식을 키우면 당연히 불량 곡식이 나오고요. 그러니 똥만큼 정직한 게 없어요.

여러분이 좋아하는 음식은 안타깝게도 대부분 수입 농산물로 가공한 불량 식품이 많아요. 농약과 화학비료로 생산한 것이지요. 토종 씨앗은 자꾸 사라지고 '터미네이터 종자Terminator Technology seed'라고 하는 '불임 씨앗'부터 '프랑켄슈타인 식품'이라고 하는 지엠오GMO: Genetically Modified Organism 식품'에 이르기까지 갖가지 괴물 씨앗으로 키운 게 많아요. 더구나 수입 농산물은 운반하는 과정에서도 오랜 시간 동안 배를 타고 와야 하기 때문에 방부제 처리도 했을 거예요. 이 모두 우리 몸에 좋을 게 없어요. 더구나 방부제가 많이 들어 있는 음식을 먹으면 방부제 때문에 똥이 발효가 잘 안 된대요. 감자를 먹고 똥을 누면 감자 똥이 나오고 고구마 먹고 똥을 누면 고구마 똥이 나오는 것과 같은 이치죠.

엊그제 우리 집에 도시에 사는 사람들이 왔다 갔어요. 그날 저녁에 마을 할머니들이 이렇게 얘기해요. "이 집에 또 도시 사람 왔다 갔제. 우찌 이리 냄새가 지독하노." 어느 나라에서, 누가, 어떻게 생산하여, 어떤 과정을 거쳐 왔는지도 모르는 통닭, 삼겹살, 아이스크림, 라면, 빵, 과자, 짜장면 같은 걸 먹고 불량 똥을 누었으니 어찌 지독한 냄새가 나지 않겠어요.

그러니까 우리 집에 올 때는 적어도 이삼일 전부터 우리나라 농부들이 친환경 농법으로 정성껏 농사지은 현미잡곡밥에 김치와 된장과 같은 건강한 음식을 먹고 와야 해요. 조상 대대로 먹어 왔던 음식이지요. 빈속에 먹어도 아무 탈이 없는 우리 음식이 몸에 좋아요. 약속 잘지킬 수 있죠? 휴게소에서 똥 누지 말고, 우리 집에 와서 똥 한 무더기 누고 가는 거. (웃음)

이 세상 황금덩어리를 다 줘도 여러분이 눈 오줌하고 바꾸면 안 됩니다. 한국은행에 있는 돈을 다 가져와도 여러분이 눈 똥하고 바꿔선 안 됩니다. 여러분이 눈 똥오줌은 사람을 살릴 수 있기 때문이지요. 사람을 살리는 걸 어떻게 황금이나 돈 따위와 바꿀 수 있겠습니까. 부탁하건대, 집으로 돌아가면 수세식 변기를 쓸 때마다 이렇게 얘기하세요. "이 세상 모든 황금보다 귀한 내 똥오줌아! 이 세상 모든 돈보다 소중한 내 똥오줌아! 정말 미안하다. 나를 살리고 우리 식구들을 살려 준 너를 물에 섞어 버리게 되었으니 부끄러워 할 말이 없구나. 내가 언젠가는 틀림없이 농촌으로 가서 생태뒷간을 지을 테니 그때까지만 나를 용서해라." 아니면 그런 글을 쪽지에 적어 변기 옆에 붙여 놓고 식구들이 모두 이 글을 읽으면서 물을 내리게 하면 어떨까요? 지금 당장 농촌으로 가 생태뒷간을 짓고 살 수 없으니, 이런 부끄러운 마음이라도 가지고 살다 보면 언젠가는 진짜 생태뒷간을 짓고 살게 되지 않을까요? 이런 자그마한 실천마저 하지 않으면서 우리가 어떻게 환경을 살리고 지구를 살리자는 말을 할 수 있겠어요. 어른들은 살아온 날보다 살아야 할 날이 적지만 여러분은 살아가야 할 날이 몇 배로 더 많잖아요. 그러니 여러분이 이 세상의 주인이라 생각하고 불편하더라도 용기를 내어 실천하면 좋겠어요.

• 텃밭 상자를 일구는 도시 농부가 그 첫발

저는 여러분이 도시에서 오래 살지 않았으면 좋겠어요. 하루라도 빨리 도시를 떠날 아름다운 '인생의 그림'을 그렸으면 좋겠어요. 도시는 인간이 오래 살아서는 안 되는 공간이거든요. 그 까닭을 밤새 이야기하라 해도 할 수 있어요. 앞에서 말한 수세식 변기가 가장 대표적인 까닭이에요. 이 지구에 있는 모든 황금과 돈보다 소중한 똥오줌을 거름으로 쓸 수 없으니까요.

그리고 농촌에는 이웃이 있지만 도시에는 이웃이 없어요. 옆집에 누가 사는지도 모르고 살아가잖아요. 더구나 아파트에 살면 앞집에 도둑이 사는지 윗집에 강도가 사는지 알 수 없어요. 농촌은 이웃과 이

웃이 늘 열려 있는데, 도시는 늘 닫혀 있어 사람 사이가 메마를 수밖에 없어요. 얼마 전에 혼자 사는 할머니가 돌아가셨는데 죽은 지 몇 달이 지나서야 발견됐다는 기사를 보았어요. 이 이야기를 들은 여러분은 어떤 생각이 드나요? 도시, 사람 살기 참 무서운 곳이구나 싶은 생각이 들었나요? 아니면 그저 불쌍한 할머니 한 분이 돌아가셨구나 하고 생각했나요?

농촌 사람들은 앞집 뒷집에 누가 사는지 모르면 살아갈 수가 없어요. 할미꽃 피는 무덤은 누구네 무덤인지, 마을 들머리 정자나무 가지는 언제 부러졌는지, 언덕 아래 풀만 자란 저 산밭은 누구네 것인지, 잔칫날 돼지 잡을 때 쓰는 긴 칼은 누구네 집에 있는지, 누구네 소가 일 잘하고 힘이 센지, 누가 화학비료와 농약을 많이 뿌려 대는지, 해마다 고추농사는 누가 가장 잘 짓는지, 만식이 아저씨 이마에 상처는 왜 생겼는지, 가장 말조심해야 할 사람은 누군지, 돈 많으면서 구두쇠 짓을 하는 사람은 누군지, 누구네 자식이 실직을 했는지, 산청댁 할아버지 피우는 담배는 몇째 아들이 사 준 것인지, 개울에 물이 줄어들면 누구네 논에 물을 대고 있는지, 누구네 똥개가 밤마다 시끄럽게 짖어 대는지, 이런 작은 일까지 알고 살아가요. 농촌은 이웃이 어떤 마음으로 어떤 일을 하는지 모르면 함께 살아갈 수 없는 구조를 갖고 있어요. 그래서 거짓말을 하거나 도둑질을 하거나 남을 험담하거나 괴롭히는 일 따위는 할 수가 없답니다. 그랬다가는 다리 뻗고 잠들 수 없기 때문이지요. 집 밖을 나가면 어디서든 그 사람을 만날 수 있거든요.

농촌에 사는 게 아무리 자유롭고 죄를 적게 지으며 살 수 있다 해도 여러분이 당장 도시를 떠나 농촌으로 가는 것은 무리일 거예요. 공부하고 싶은 학생은 대학에도 가야 할 테고, 가난한 학생들은 돈도 벌어야 할 테니까요. 말이야 바른 말이지, 농사지어서 돈을 벌기가 여간 어려운 게 아니에요. 일한 만큼 대가가 주어지는 농사는 거의 없어요. 그러니 모두 농촌을 천덕꾸러기처럼 생각하는 게지요. 하지만 아무리 돈벌이가 안 되고 힘들다 해도 우리 농업과 농촌은 꼭 지켜야 하잖아요. 그래야 건강한 먹거리를 먹고 튼튼한 몸으로 살아갈 수 있으니까요. 그래서 여러분에게 한 가지 제안을 할까 해요. 도시에 사는 동안 도시농업에 도전해 보는 건 어떨까요?

쿠바를 보기로 들면, 도시농업이 세계에서 가장 발전한 나라예요. 각 도시마다 농사를 지어서 그 도시 사람들이 소비하는 구조지요. 지역에서 농사지은 농산물로 지역민이 자급자족하는 거예요. 그래서 다른 지역에서 생산한 농산물을 짐차로 실어 나를 필요가 없어요. 유통비가 줄어들고, 그만큼 석유 연료를 사용하지 않아도 되니 환경오염도 줄어들어 일석이조의 효과를 거두고 있어요. 농장처럼 큰 규모로 이뤄지기도 하지만 작은 상자에 흙을 담아 도시 곳곳에서 농사를 짓기도 해요. 학교와 병원에서도 흙을 채운 상자를 이용해 농사를 지어요. 직업에 상관없이 누구나 농사를 지으면서 살아요. 여러분도 마음만 먹으면 오늘 당장에라도 할 수 있어요. 버려진 스티로폼 상자나 고무 통에 흙을 채우고 거름을 넣고 씨앗을 심으면 돼요. 텃밭 상자를 이용하면 더 수월하고 보기도 좋아요. 인터넷 검색창에 '흙살림'을 치면 텃밭 상자를 팔아요. 유기농 거름도 팔아요. 친구들과 같이 주문해서 한번 도전해 보세요.

처음엔 어떤 작물을 심을지 선택하기 어려울 테니 농부로서 조언해 드리자면, 부추를 심어 보세요. 한번 심어 놓으면 적어도 대여섯 달은 겉절이도 하고 부침개도 해 먹을 수 있을 거예요. 맨 아래쪽을 베어 먹고 나면 며칠 지나지 않아 또 새싹이 올라오거든요. 어떤 식물이든 자라는 모습을 보면 저절로 기쁨이 찾아옵니다. 농사에 재미를 붙이면 생명에 대한 신비함도 느낄 수 있어요. 수확의 기쁨까지 더하면 두말할 나위가 없지요. 텃밭 상자를 일구는 도시 농부로 사는 것도 참 멋지지 않나요? 그러다 적성에 맞으면 저처럼 귀농해서 농부가 되고요.

제가 사는 황매산 기슭, 여기저기 작은 산골 마을에는 귀농한 사람들이 많아요. 만화가도 있고, 화가도 있고, 요가 학원 원장도 있고, 시인도 있고, 목수도 있고 참 다양한 사람들이 농사지으며 살고 있어요. 몇십 년 동안 아기 우는 소리를 듣지 못한 산골 마을에 귀한 아기가 해마다 태어나 마을을 살리고 있어요.

사실 저는 오늘 여러분의 가슴에 씨앗을 뿌리려고 왔어요. 바로 농부의 씨앗이에요. 저는 여러분이 편하게 잘 먹고 잘 살려는 마음보다 가난하고 불편하더라도 자연과 함께 자유로운 삶을 누리겠다는 마음으로 농부가 되면 좋겠어요. 바람 소리 새소리 들으면서 땀 흘려 일하고 이웃들과 사이좋게 어울려 지내는 평화롭고 행복한 삶을 살았으면 좋겠어요. 오늘 제가 심은 이 농부의 씨앗이 아무쪼록 옥수수 자라듯이 잘 자라 여러분도 콘크리트와 아스팔트로 뒤덮인 도시가 아닌 흙에 뿌리를 내릴 수 있기를 바랍니다.

이제 여러분과 헤어질 시간이 되었네요. 짧은 만남이었지만 정말 소중한 시간이었어요. 여러분이 성인이 되어 찾아오면 언제든 느티나무 그늘 아래 앉아서 막걸리 한잔 하면 좋겠네요. 세상 걱정 내려놓고 새소리 바람 소리 들으며 이런저런 이야기를 나누어 보아요. 가난하고 보잘것없는 농부의 푸념을 잘 들어 주어 고맙습니다.

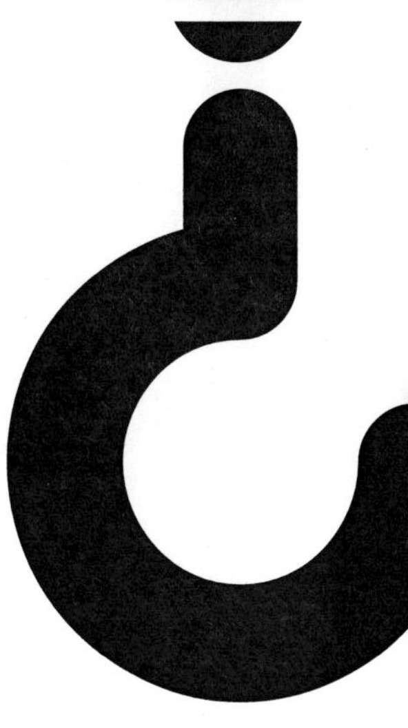

05

노자老子와 장자莊子의 철학으로 본

생명 감수성과 생명의 즐거움

이성희 시인, 신생인문학연구소 소장

어릴 때부터 시인을 꿈꾸었기 때문에 부산대학교 철학과를 다니면서 시와 철학 사이에서 방황하였습니다. 1989년 《문예중앙》을 통해 시인으로 등단했지만 철학에 대한 미련을 버리지 못하고 대학원에 들어가 장자에 관한 연구로 박사 학위를 받았습니다. 지금은 시와 철학을 조화시킬 수 있는 미학을 꿈꾸고 있습니다. 현재 부산KBS고전아카데미 기획위원, 신생인문학연구소 소장을 맡고 있습니다.

시집으로는 《돌아오지 않는 것에 관하여》, 《허공 속의 등꽃》, 《겨울 산야에서 올리는 기도》가 있으며 저서로는 《無의 미학》, 《미술관에서 릴케를 만나다》, 《동양 명화 감상》, 《장자의 심미적 실재관》, 《미학으로 동아시아를 읽다》 등이 있습니다.

여러분, 만나서 반갑습니다. 오늘 이 소중한 시간이 보람되고 깨달음이 함께하는 시간이 되었으면 좋겠습니다.

저는 오늘 여러분께 노자老子와 장자莊子에 대해 이야기를 하려고 합니다. 간혹 노자를 '놀자'라고 표현하는데, 맞는 말이에요. 노자와 장자의 철학을 한마디로 말하자면, "그냥 둬라!"입니다. 물고기 한 마리가 강에서 자유롭고 유연하게 헤엄치고 있어요. 근데 누군가 그 물고기를 잡아 뺨을 때리며 "야! 너 왜 그렇게 헤엄쳐. 직선으로 헤엄치지 못해!" 그러면 물고기가 행복하겠습니까? 노자와 장자의 철학은 그러지 말자는 거예요. 헤엄치고 싶은 대로, 하고 싶은 대로 그냥 두라는 겁니다. 여러분, 누가 시켜서 여기 온 거 아니죠? (웃음) 저는 노자와 장자의 철학을 배우는 이 시간이 여러분에게 '쉬는 시간'이었으면 해요. 아니, 쉬는 시간보다는 '노는 시간'이었으면 합니다.

• 노자와 장자, 생명의 세계관

1990년에 여러분은 어디에 있었습니까? 엄마 뱃속에도 없었죠. 바람이나 구름이었을까요? 낙동강을 따라 수런거리는 갈대였을까요? 당시 환경문제는 지구적으로 초미의 관심사였고, 시대의 중요한 화두였습니다. 환경문제를 이야기하면 누구나 귀를 기울였어요. 지금은 어떤가요? 여러분도 환경문제가 중요하다는 사실을 알고 있어요. 그런데 관심은 없잖아요. 대부분의 사람들도 마찬가지예요. 환경이 더 좋아진 것도 아닌데 말이에요. 내가 이 자리에서 환경문제에 대해 딱 30분만 제대로 이야기하면 여러분 중에 절반은 정말 큰 충격을 받을 겁니다. '이 더러운 세상 살기 싫다'면서 강에 뛰어들지도 몰라요. 사실이 그래요. 이제 환경문제는 정말 '죽느냐, 사느냐'의 문제가 되었습니다. 앞날이 창창한 여러분의 미래가 '있느냐, 없느냐' 하는 심각한 문제입니다.

폭풍전야라는 말 아시죠. 폭풍이 오기 직전에는 고요하잖아요. 후쿠시마 핵발전소 사고를 보세요. 그 치명적인 방사능이 어디로 얼마나 퍼지고 있는지 생각해 봤나요? 너무나 조용해서 이상하지 않나요? 정말 심각한 상황인데 정작 방사능 등 환경에 대한 관심은 싹 사라져 버렸잖아요. 이건 간과해선 안 될 아주 중요한 문제입니다.

노자와 장자 이야기는 안 하고 계속 환경문제만 이야기해서 당황하셨나요? 오늘 제가 이야기할 노자와 장자 철학의 핵심이 바로 생명의 세계관이기 때문입니다. 환경은 생명의 문제입니다. 그래서 환경문제는 근본적으로 생각해야 합니다. 경남 양산의 천성산과 제주도의 구럼비, 그리고 4대강 등 환경문제가 발생할 때마다 사안별로 비판하고 대안이 뭔지 이야기하다 보면 끝이 없어요. 환경문제를 해결하기 위해서는 결국 인간의 마음이 바뀌어야 해요. 이게 안 바뀌면 아무 소용없어요. 우리들의 세계관이 근본적으로 바뀌어야 한다는 말입니다.

제가 생각건대, 지금 이야기할 노자와 장자야말로 우리 마음을 변화시킬 수 있는 가장 오래된, 그러나 가장 새로운 전망을 담고 있는 사상입니다.

노자는 굉장히 신비로운 사람이에요. 그야말로 도사처럼 구름을 타고 노니는 삶을 살았을 것 같아요. 노자의 책을 읽어 보면 심오한 사유와 깊고 고요한 지혜가 느껴지거든요. 주나라에서 높은 관직에도 있었고요. 그런데 책 한 권을 남기고 홀연히 사라졌어요. 장자는 좀 달라요. 거렁뱅이예요. 평생 백수였던 터라 누더기 옷을 입고 다녔습니다. 고작 한 일이 짚신을 삼아서 시장에 파는 거였어요. 그걸로 먹고살았어요. 그런데 멋져요. 인생을 즐겁게 향유할 줄 아는 사람이었어요. 생명을 구속하는 모든 족쇄를 유쾌하게 부숴 버리고 진정으로 자신의 삶과 그 삶의 자유를 향유했어요. 여러분도 자유롭게 자신의 삶을 향유할 수 있는 사람이 되기를 빕니다. 왜? 아까 얘기했잖아요. 1990년에 여러분들은 없었어요. 앞으로 100년 후에도 아마 여러분들은 없을 거예요. 지금 살고 있는 이 삶은 이전에도 없었고 이후에도 없을 단 한 번의 사건이에요. 진짜 소중한 삶인 거예요. 게임을 해 본 친구들은 잘 알 거예요. 한 판 할 때마다 이기려고 온 심혈을 기울이잖아요. 이 판 지면 다음 판이 있는 게임도 그럴진대 하물며 인생은 단판이에요. 진짜 심혈을 기울여서 잘 살아야 합니다.

먼저 《장자》 이야기부터 시작해 볼게요. 《장자》는 내편內篇 7편, 외편外篇 15편, 잡편雜篇 11편 총 33편으로 구성되어 있어요. 그중에 내편만 장자 자신이 지었고 외편과 잡편은 그의 제자들이 썼을 것으로 추정합니다. 책의 내용은 대부분 이야기로 되어 있어 재밌어요. 그 이야기 하나하나가 그냥도 재밌지만 깊이 음미해 보면 그 속에 정말 날카로운 풍자와 유쾌한 해학, 탁월한 상상력과 생명의 지혜가 들어 있어요. 요즘 여러분을 지배하고 있는 상상력들은 대부분 서양에서 온 것들이죠. 이를테면 〈해리포터〉나 〈반지의 제왕〉 시리즈처럼 말이에요. 그런데 노자와 장자 사상을 변형, 발전시킨 도교에서 그런 정도의 상상력은 새 발의 피도 안 돼요. 정말 상상할 수도 없는 것들이 많아요. 불사不死를 얻기 위한 기기묘묘한 술법들, 신과 신선들과 요괴들의 드라마가 펼쳐져요. 그러한 상상력도 《장자》에서 출발해요. 《장자》는 심오한 시적 감수성과 최고의 상상력, 그리고 생명의 지혜가 결합된 탁월한 문학이자 철학입니다.

그럼 《장자》의 〈추수秋水〉편에 나오는 '물고기의 즐거움'이란 내용을 읽어 볼게요. 장자와 그의 친한 친구인 혜자가 논쟁을 벌이는 내용인데, 이게 무슨 이야기인지 들어 보고 누가 이 논쟁의 승자인지도 판단해 보세요.

장자가 혜자와 함께 호수濠水의 징검돌 근처에서 노닐고 있었다.

장자가 말했다. "피라미가 한가롭게 헤엄치고 있소. 이게 물고기의 즐거움이란 거요."

혜자가 말했다. "당신은 물고기가 아니오. 어찌 물고기의 즐거움을 안단 말이오?"

장자가 받았다. "당신은 내가 아니오. 어찌 물고기의 즐거움을 알지 못한다는 걸 안단 말이오?"

혜자가 말했다. "나는 당신이 아니니까 물론 당신을 알지 못하오. 당신은 물론 물고기가 아니니까 당신이 물고기의 즐거움을 알지 못한다는 게 확실하단 말이오."

장자가 대답했다. "자 처음으로 돌아가 말해 봅시다. 당신은 '어찌 당신이 물고기의 즐거움을 안단 말이오?'라고 했지만, 이미 그것은 내가 안다는 것을 알고서 내게 물은 거요. 나는 호숫가에서 물고기의 즐거움을 알았단 말이오."

— 〈추수秋水〉, 《장자》

여러분은 장자의 마지막 말이 이해되나요? 논리적인 말인 것 같아요? 그럼 이 대화에서 누가 이긴 거 같습니까? 두 사람의 대화를 음미해 보면서 누구의 말이 맞는지 한번 승부를 가려 봅시다.

사실 이 대화가 함의하는 바는 무척 심오합니다. 거창하게 말하자면 동서고금을 막론하고 우리 인류의 전 문명사를 관통하는 두 개의 정신이 여기에서 정면으로 충돌하고 있습니다. 진검으로 대결하고 있는 거지요. 이 거대한 두 흐름 중 누가 승리하느냐, 어느 쪽의 손을 들어 주느냐에 따라 인류의 문명은 전혀 다른 양상으로 바뀌게 됩니다. 우린 이제 그걸 찾아가 볼 것입니다.

· 기계의 길, 생명의 길

오늘날 우리 삶의 선택지를 크게 양분해 보면 '기계'와 '생명'이에요. 지금 우리를 둘러싸고 있는 것은 전부 기계입니다. 기계 속에 살고 있어요. 하지만 우리 안에 있는 건 생명입니다. 이 둘이 잘 조화되면 좋은데 문제는 그렇지 않다는 거죠. 기계냐, 생명이냐. 그 선택의 문제가 《장자》의 〈천지天地〉편에 나옵니다.

자공子貢이 남쪽의 초나라에 여행하고 진나라로 돌아오려고 한수漢水 남쪽을 지나다가 한 노인이 마침 밭일을 하고 있는 것을 보았다. 굴을 뚫고 우물에 들어가 항아리를 안아 내다가는 밭에 물을 주고 있었다. 애를 써서 수고가 많은데 그 효과는 아주 적었다.

자공이 말했다. "여기에 기계가 있으면 하루에 백 이랑도 물을 줄 수가 있습니다. 조금만 수고해도 효과가 큽니다. 댁께선 그렇게 해 보실 생각이 없습니까?"

밭일을 하던 노인은 고개를 들고 그를 보고 말했다. "어떻게 하는 거요?"

(자공이) 말하기를 "나무에 구멍을 뚫어 기계를 만들고 뒤쪽은 무겁게 앞쪽은 가볍게 합니다. 흐르듯이 물을 떠내는데 콸콸 넘치도록 빠릅니다. 그 기계 이름이 두레박이라고 합니다".

밭일을 하던 노인은 불끈 낯빛을 붉혔다가 웃으면서 말했다. "나는 내 스승에게서 들었소만, 기계를 갖는다면 기계에 의한 일이 반드시 생겨나고 그런 일이 생기면 반드시 기계에 사로잡히는 마음이 생겨나오. 그런 마음이 가슴속에 있게 되면 곧 순진 결백한 것이 없어지게 되고, 그것이 없어지면 정신이나 본성의 작용이 안정되지 않게 되오. 정신과 본성이 안정되지 않은 자에겐 도가 깃들지 않소. 내가 모르는 게 아니오. 부끄러워 쓰지 않을 뿐이오."

자공은 부끄러워 어쩔 줄 모르며 고개를 숙인 채 잠자코 있었다.

— 〈천지天地〉,《장자》

여러분이라면 편리한 기계를 두고 이 노인처럼 힘들게 농사를 짓겠습니까? 그런데 문제는 기계를 적당히 쓰지 않고 계속 쓰게 되면 기사機事가 발생합니다. 우리 삶 전체를 기계가 지배하기 시작한다는 것입니다. 지금 여러분 삶을 한번 볼까요. 아침에 알람 소리에 일어나죠. 일어나면 온갖 기계를 이용해 만들어진 음식을 먹습니다. 그리고 기계를 타고 기계처럼 프로그램에 맞춰진 학교로 갑니다. 종일 기계로 시스템화

된 학교에서 생활한 후 집으로 돌아오면 TV를 보거나 컴퓨터 게임을 합니다. 그러다 잠자리에 들죠. 이제 기계가 우리의 삶을 계획하고 우린 거기에 맞춰 살아가고 있습니다. 이런 식으로 계속 살게 되면 기심機心이 생기게 돼요. 인간의 마음이 점점 기계처럼 변하게 되는 거예요. 기계는 우리 삶을 편리하게 하는 작은 수단이고 목적을 효율적으로 성취하기 위해 만들어진 도구였는데 지금은, 우리 인생이 어떤 프로그램의 소모품으로 전락하게 된 거예요.

혹시 자동차를 운전해 본 사람 있나요? 저도 면허증이 없어서 운전은 안 해 봤지만 운전하는 사람을 유심히 관찰해 보니 평소에 순했던 사람도 운전대만 잡으면 달라져요. 시원한 가을날 숲길을 걷는 것과 도심에서 자동차를 운전하는 걸 비교해 보세요. 우리가 길을 걸으면 스쳐 가는 모든 것들이 아주 감미롭고 친근하게 다가옵니다. 걸으면서 사람도 보고 꽃도 보고 나무도 보고 향기를 맡고 만지며, 몸과 마음으로 스치는 모든 것들을 받아들여요. 굉장히 행복한 일입니다. 지나는 바람과 꽃의 향기에 적대감을 표출하는 사람은 없잖아요. 이 모든 것과 호흡하고 접촉하며 걸어갑니다. 그런데 자동차를 타는 순간부터 모든 접촉은 사고가 됩니다. 그래서 접촉을 차단해야 합니다. 운전자의 온 신경은 자동차에 집중되고 가장 효율적으로 목적지에 도착하는 게 목표가 됩니다. 그러다 중간에 사고가 나면 어찌 됩니까? 이 효율성이 붕괴된 데 대한 분노가 폭발합니다. 문을 열자마자 전부 뒷목을 잡고 욕부터 합니다. 길을 가다가 나비가 스쳐 갔다고 해서 뒷목 잡고

"이 새끼야!"라고 합니까? 안 하잖아요. 그런데 자동차를 타면 그렇게 됩니다. 목적지로 가는데 누가 조금만 방해하면 갑자기 분노하게 됩니다. 그 순한 사람도 자동차만 타면 욕을 쉽게 합니다. 이건 기계의 마음입니다. 기계에 맞춰진 마음이에요. 정말 신기합니다. 오로지 목적을 위한 도구, 수단, 효율성만을 생각하는 거죠.《장자》속의 노인은 바로 그걸 걱정하고 있는 거예요. 그가 두레박을 몰라서 안 쓰는 게 아니란 거죠. 제가 하는 이야기도 마찬가지예요. 기계를 쓰지 말자는 게 아닙니다. 기계를 활용해야지 기계의 포로가 되면 안 된다는 거예요. 앞에서 이야기했듯 인간의 마음이 기계처럼 프로그램화되는 비극을 막기 위해서예요.

기계는 사실 죽은 겁니다. 제가 '기계와 생명'으로 선택지를 나눈 이유도 기계의 삶은 죽음으로 가는 길이기 때문입니다. 편리 그 이상으로 올라가 버리면 안 돼요. 그런데 우리 삶이 지금 그렇게 가고 있어요. 여러분이 몇백 년 전 조선시대 청소년들보다 행복한 것 같아요? 컴퓨터와 인터넷, 스마트폰 등 각종 편리한 기계를 가진 여러분이, 앉아서 "공자 왈, 맹자 왈" 하던 조선시대 청소년보다 행복할까요? 장담 못 할걸요.

과연 기계가 여러분을 행복하게 해 주고 자유롭게 해 주고 즐겁게 해 주는가. 기계가 주는 작은 즐거움은 당근일 뿐이에요. 결국 기계는 우리의 삶을 주어진 목적을 성취하기 위한 효율성의 잣대로 재단해 버려요. 모든 것은 목적을 성취하기 위해 보다 신속히, 보다 효율적으로 편성되고 작동되어야 합니다. 학교도, 교육과정도 그렇게 짜 맞추어집니다. 제 아들의 표정을 보면 알 수 있어요. 학창 시절이 그 효율성을 극대화시키기 위한 얼마나 고달픈 시간인가를 말이죠. 기계로 프로그램화된 세상 속에서 우리는 삶을 즐겁게 향유하지 못하고 다른 목적을 위해 소모됩니다.

노자도 비슷한 이야기를 했어요.

편리한 물건이 많을수록, 국가는 더욱 혼란해지며, 사람에게 지식이 많을수록, 기이한 물건이 더욱 생겨난다民多利器 國家滋昏 人多伎巧 奇物滋起.

—《노자》57장

여러분, 세계에서 행복지수가 가장 높은 나라가 어디죠? 부탄과 방글라데시, 스리랑카입니다. 우리의 시각에서 보면 낙후되고 빈곤한 나라입니다. 하지만 기계로부터 가장 먼 나라들이기도 하지요. 그럼 우리나라 사람들의 행복지수는 어디쯤에 있을까요? 저 밑바닥입니다. 선진국이라는 서구의 나라들도 별반 다르지 않아요.《장자》의 〈천지〉편에 나온 노인의 말처럼 기사로 인해 기계 속에서 살다 보니 기계의 마음이 생긴 탓입니다.

이제 우리는 양단간의 선택을 해야 합니다. 좀 과장해서 하는 이야기지만 이런 선택을 해야 할 때가 됐어요. 여러분은 기계의 프로그램 세계에서 행복지수가 가장 높은 나라가 어디죠? 부탄과 방글라데시, 스리랑카입니다.

우리의 시각에서 보면 낙후되고 빈곤한 나라입니다.

하지만 기계로부터 가장 먼 나라들이기도 하지요.

을 선택할 겁니까, 생명의 프로그램을 선택할 겁니까? 지금 이 학창 시절의 삶을 소모시키는 것처럼 졸업하고 사회에 나가서도 치열한 경쟁 지옥이 계속 이어지길 바라나요? 여러분이 결혼해서 낳은 아이들의 삶도 지금처럼 소모되도록 둘 건가요? 진지하게 생각해 봐야 합니다. 답을 못 찾아도 좋아요. 그러나 '몰라, 내가 알 게 뭐야' 하면 안 됩니다.

우리는 기심을 버리기 위해 노력해야 해요. 철저히 유용성과 효율성만 따지는 기계의 마음을 버려야 합니다. 모든 대상을 도구와 수단으로 보아서는 안 돼요. 여러분은 옆에 앉아 있는 친구들을 수단으로 여깁니까? '이놈 이거 어떻게 이용해 먹지? 주머니에 든 거 어떻게 빼먹지?' 하고 생각하면서 같이 앉아 있는 거 아니잖아요. 친구랑 함께 있으면 즐겁기 때문에 같이 있는 거잖아요. 생명은 기계하고 달라요. 기계는 역학적으로 움직이지만 생명은 친구처럼 감응하는 거예요. 생명에는 우리가 흔히 말하는 '필feel'이 있어요.

독일의 튀빙겐대학에서는 수십 년 전부터 신입생들을 대상으로 색깔을 분별해 내는 능력을 측정하고 있습니다. 빨강과 파랑 사이에 무수히 많은 중간 색상이 존재하거든요. 아주 미세하게 색깔이 변해 가며 이어지는데 그 안에서 색깔을 몇 개나 식별할 수 있는지 테스트하는 거예요. 그런데 그 수가 감소하고 있다고 합니다. 예를 들어 2000년 신입생들이 평균 100개의 색깔을 구분했다면 2001년에는 90개, 2002년에는 80개 …… 2013년에는 50개로 감소하고 있는 거죠. 이건 뭘 의미합니까. 생명의 감을 잃어버리고 있다는 거예요. 감수성이 조금씩 마비되고 있어요. 튀빙겐대학의 검사 결과는 여러분들 같은 우리나라 청소년과 대학생들에게도 그대로 적용되리라 생각합니다. 색을 구별하는 감수성, 소리를 듣는 감수성 등이 전부 다 떨어지고 있어요. 이제 여러분 마음속에 들어가려면 매우 강력한 이미지, 폭발하는 색채나 소리가 아니면 안 됩니다. 그걸 다른 말로 하면 바로 '죽어 간다'는 겁니다. 이런 감수성이 딱 마비되는 순간 우린 죽는 거예요. 그렇게 되지 않으려면 자연과 접촉해야 해요. 우리가 자연과 자주 접촉할수록 마음은 부드럽고 섬세해지고, 그 섬세한 감수성 속에서 감응의 즐거움을 느끼게 됩니다. 한번 해 보세요. 맨발로 갯벌을 밟아 보면 처음엔 물컹한 게 어색하지만 나중엔 발바닥에서 점점 기쁨이 올라와요. 뭔가 알 수 없는 생명의 즐거운 기운이 올라와요. 그러나 기계는 접촉하면 접촉할수록 우리를 불구로 만듭니다. 물론 기계 없이 살자는 뜻은 아닙니다. 우리 삶이 기계에 사로잡히지 않도록 하자는 것입니다.

• 혼돈, 생명의 탄생

여러분은 '생명=암컷'이라는 정의에 동의하나요? 지금부터는 생명으로부터 멀어져 온 인류 문명의 역사를 이야기해 보겠습니다.

동양 고전의 제일 중요한 내용은 대개 첫 편의 첫 구절에 나옵니다. 《장자》도 마찬가집니다. 그런데 장자는 내편 첫 장에서부터 마지막 장까지 온통 '혼돈混沌'에 대해 이야기하고 있어요. 현대 물리학의 첨단에 있는 화두가 뭐죠? 혼돈 과학, 바로 카오스이론^{chaos theory}이에요. 우리 삶 전체를 지배하는 건 질서이고 혼돈은 그 밑에 깔린 찌꺼기처럼 보이지만 사실은 그게 아니라는 거죠. 어떤 사람은 이렇게 말합니다. "우리가 생각하는 질서는 혼돈이라는 거대한 바다 위에 떠 있는 작은 섬에 불과하다." 우리 삶을 지배하는 90% 이상은 혼돈입니다. 인생이 계획한 대로 다 됩니까? 안 돼요. 우주를 구성하는 물질 중에 인간이 아는 건 4%밖에 안 돼요. 나머지 96%의 물질을 우리는 암흑 물질이라고 해요. 또 암흑 에너지라고도 하죠. 알 수 없기 때문이에요. 인생도 마찬가지죠. 우리가 알 수 있는 건 4% 정도밖에 안 돼요. 96%는 언제 어떻게 될지 몰라요. 그러니 옆에 앉은 친구를 함부로 판단하지 마세요. '이거 덜떨어져서 뭐가 될까?' 싶어도 96%의 암흑이 친구의 인생을 어떻게 바꿀지 몰라요. 흥미롭게도 《장자》의 내편이 혼돈에서 시작해서 혼돈으로 끝납니다. 그럼 장자가 말하는 혼돈의 정체는 과연 무엇일까요?

북명에 물고기가 있다. 그 이름을 곤이라고 한다. 곤의 크기는 몇천 리나 되는지 알 수가 없다. 변해서 새가 되면 그 이름을 붕이라 한다. 붕의 등 넓이는 몇천 리나 되는지 알 수가 없다^{北冥有魚 其名爲鯤 鯤之大 不知 其幾千里也 化而爲鳥 其名爲鵬 鵬之背 不知其幾千里也}.

— 〈소요유逍遙遊〉, 《장자》

《장자》의 첫 구절입니다. 그중에서도 '북명유어北冥有魚 기명위곤其名
爲鯤'이 중요해요. 지금부터 이 여덟 자의 비밀을 풀어 가겠습니다.

북쪽은 원래 어두운 곳이에요. 오행五行으로 보면 북쪽은 어둠과 물
의 자리입니다. '명冥' 자는 '어둡다'는 뜻과 함께 '바다'라는 뜻도 가지
고 있어요. 그래서 '북명北冥'을 보통 '북쪽의 어두운 바다'라고 해석해
요. 갑골문이라고 들어 봤죠? 한자의 기원이잖아요. '冥' 자의 갑골문
을 보면 비밀이 숨어 있어요.

여러분이 이 갑골문이 무엇을 형상화한 것인지 한번 짐작해 보세요.
놀랍게도 '자궁'입니다. '자궁 속의 아기를 손으로 받아 내는 것'을 상
형한 거예요. 인간이 자궁을 뚜렷이 인식하게 된 계기는 아마 난산難産
이었을 것 같아요. 아이를 꺼내기 위해 애쓰면서 인식한 거죠. 장자가
말한 '북쪽의 어두운 바다'는 바로 '자궁'인 겁니다. 여러분이 경험한
최초의 바다는 어떤 바다입니까? 기억을 거슬러 올라가 보세요. 바로
자궁, 어머니의 바다예요. 고대 메소포타미아의 수메르어 'mar'도 '바
다'와 '자궁'이라는 두 개의 의미를 가지고 있어요. 신기하지 않나요?
그 어느 누구도 생명의 근원이 바다이고, 인간이 자궁에서 태어난다

는 사실을 부정할 수 없습니다. 고대 인류 또한 이를 자각하고 있었던 것이죠. 《장자》는 이처럼 최초의 근원에서부터 시작합니다. 북명은 생명의 근원이고 자궁인데 그게 바로 '혼돈'입니다. 이곳이 왜 혼돈인지 그 비밀을 좀 더 파헤쳐 봅시다.

이 시원始原의 바다에는 생명이 존재하는데 바로 물고기입니다. 이름이 참 묘한데 '곤鯤'이에요. '鯤' 자의 본래 뜻도 '물고기 알'이에요. 요즘에도 물고기 알을 '곤이鯤鮞'라고 해요. 알은 생명의 최초 형태입니다. 그런데 이 '鯤' 자는 '魚+昆'으로 파자破字할 수 있어요. 이때 '昆' 자는 '곤'으로 발음하고 '형(맏이)'이라는 뜻을 가집니다. 옛날에는 '昆' 자와 '混' 자를 혼용해서 썼어요. 이 '混' 자가 바로 '혼돈' 할 때 그 '혼'이에요. 그렇게 보면 '鯤'은 '혼돈 속의 물고기'인 셈이지요. 결국 자궁이란 바다가 곧 혼돈이에요. 모든 생명은 혼돈이라는 자궁에서 태어납니다. 거기서 태어나지 않는 존재는 아무도 없습니다. 《장자》는 상당 부분이 이렇게 고도의 압축과 은유로 되어 있어요. 이름 하나에도 놀라운 비밀을 숨겨 둔 장자는 굉장히 탁월한 작가입니다. 첫 장부터 놀라운 판타지가 펼쳐지잖아요. "곤의 크기는 몇천 리나 되는지 알 수가 없다"며 우리의 상상력을 초월하는 형상을 만들어 냅니다. 상상해 보세요. 삼천리 금수강산이라고 하는 우리나라보다 더 큰 물고기가 어두운 바다에서 펄떡거리는 모습을. 더구나 이게 끝이 아니에요. 곤이 다시 새로 변하는데 그 새가 물보라를 일으키며 구만리 장천으로 날아오릅니다. 그 또한 크기를 가늠할 수 없어요. 정말 굉장합니다.

• 혼돈의 살해, 고대 여신 문명의 몰락

혼돈에 생물학적인 성을 부여한다면 여성이겠죠. 자궁은 여자들이 가지고 있으니까요. 그런데 내편 마지막을 보면 혼돈이 살해당하면서 끝납니다. 혼돈의 바다에서 생명이 탄생하는 것으로 시작하고 다시 혼돈이 죽는 것으로 끝나는 겁니다.

남해 임금을 숙이라 하고 북해의 임금을 홀이라 하며, 중앙의 임금을 혼돈이라 한다. 숙과 홀이 때마침 혼돈의 땅에서 만났는데, 혼돈이 매우 융숭하게 그들을 대접했으므로, 숙과 홀은 혼돈의 은혜에 보답할 의논을 했다. "사람은 누구나 눈, 귀, 코, 입의 일곱 구멍이 있어서 그것으로 보고 듣고 먹고 숨쉬는데 이 혼돈에게만 없다. 어디 시험 삼아 구멍을 뚫어 주자." 날마다 한 구멍씩 뚫었는데, 칠일이 지나자 혼돈은 죽고 말았다.

— 〈응제왕應帝王〉, 《장자》

상당히 부드럽게 표현된 우화지만 단적으로 말하면, 혼돈이 살해당했다는 것입니다. 숙儵과 홀忽의 한자 뜻을 보면, 물체가 빠르게 나타나는 것이 숙이고 빠르게 사라지는 것이 홀입니다. 끊임없이 명멸하는 인위적인 문명 현상을 이야기하는 겁니다. 일곱 개의 구멍은 눈, 코, 입, 귀 등 감각기관을 가리킵니다. 그런데 문제는 '빠름'입니다. 이

빠름이 자연의 속도(상대적으로 '느림')를 초과할 때 인위적인 것이 됩니다. 장자의 우화는 '빠른 속도의 인위적 문명'이 결국 자연의 혼돈을 죽여 버렸다는 얘기입니다.

그런데 이 혼돈 살해의 역사를 거슬러 올라가면 까마득하게 먼 고대 인류의 비밀과 대면하게 됩니다. 바로 《노자》와 《장자》에 기록되어 있는 잃어버린 '여신 문명'의 흔적들입니다. 달리 말하면 노자와 장자는 인류가 잃어버린 여신 문화를 새롭게 철학화한 사람들입니다. 그들은 춘추전국시대, 힘(전쟁)의 시대를 살았습니다. 강력한 군대로 다른 나라를 정복하고 지배하려는 싸움이 끊이지 않았던 가장 남성적인 시대를 온몸으로 겪어야 했습니다. 노자와 장자는 그 참혹한 시대를 근본적으로 변화시키고 싶었던 것 같아요. 그래서 내세운 게 바로 여성성의 철학입니다.

혹시 터키에 가 본 학생 있습니까? 저도 못 가 봤는데 꼭 한번 가 보고 싶어요. 터키 아나톨리아 지역에서는 50여 년 전부터 차탈휘위크 선사 유적이 계속 발굴되고 있어요. 놀랍게도 BC 7000~8000년 전 유적들이 발굴되고 있습니다. 그렇다고 만화에서나 나오는 돌 굴리고 다니던 석기시대를 연상하면 안 됩니다. 인류 문명의 기본 골격은 이때 다 이뤄졌으니까요. 농경과 목축, 종교 심지어 무역까지도 행해졌습니다. 지금처럼 주거지들이 밀집되어 있고 중앙엔 신전이 있었어요. 흑요석을 가공해서 무역도 했습니다. 그런데 이 유적들을 살펴보면 완전히 여신 문명입니다. 발굴되는 유물들을 보면 남신상이 없고 전부 여신상입니다. 이것은 거의 동시대에 존재했던 다른 문명에서도 공통적으로 나타나는 특징이에요. 유럽 일대뿐 아니라 동북아시아까지 그래요. 또 거기에서는 방어용 성곽이 발견되지 않아요. 공격용 무기도 거의 없습니다. 전쟁을 안 했던 겁니다. 굉장히 많은 사람들이 밀집해 살았지만 어느 때보다 평화로운 시대였습니다. 대형 고분도 발견되지 않아요. 피라미드 같은 큰 무덤이 없다는 것은 그만큼 권력을 독점한 절대자도 없었다는 의미예요. 대신 고분들의 크기가 다 비슷해요. 평등한 사회였던 거죠. 이처럼 여신 문명은 평화롭고 평등한 사회였습니다.

유라시아 대륙의 대부분의 지역이 여신 문명의 영역이었어요. 그런데 BC 4000년경부터 여신 문명의 시대가 무너지기 시작합니다. 일정 지역에 주거하던 이질적인 성향의 종족들이 갑자기 이동하면서 팽창하기 시작하는데 아마 기후 변동 때문이었던 것 같아요. 이 종족들의 특징은 남신을 숭배하는 전사 계급이 그 공동체의 중심이라는 점이에요. 이들이 유라시아 대륙 전역으로 퍼져 나가면서 여신 문명을 깡그리 파괴하기 시작해요. 이게 약 2000년 동안 자행됩니다. 그러면서 고대 여신 문명은 흔적도 없이 사라지고 그 자리에 남신 중심의 문명이 새롭게 세워지게 됩니다.

우리가 흔히 알고 있는 모든 신화는 대체로 이 무렵에 만들어진 것이에요. 여신 문명의 신화들을 남신 중심으로 왜곡하고 재구성한 것입니다. 우리에게 그리스·로마 신화로 알려진 이야기들이 당시 만들어진 가장 대표적인 신화입니다.

그리스 신화에 나오는 신들의 왕이 누구죠? 제우스인데, 특기가 뭐죠? 다들 번개를 잘 다루는 걸로 알고 있는데, 실은 바람피우는 겁니다. 최고의 바람둥이예요. (웃음) 제우스의 여성 편력을 보면 정말 신이 맞나 싶어요. 납치, 강간을 일삼는 특수범죄자예요. 그만큼 수많은 여신들을 덮칩니다. 저는 신화에 나오는 제우스의 행동을 이렇게 해석해요. 여신 문명이 그리스 신화의 주요 무대인 에게해Aegean Sea 일대의 섬들에 마지막으로 잔존하고 있었어요. 그래서 제우스가 수많은 여신을 겁탈하고 납치한 신화는 바로 남신 문명이 에게해 지역의 여신 문명을 하나씩 정복해 간 역사를 압축한 것이라고요. 그리스 식민 지배의 역사이지요. 신화적으로 볼 때, 정복은 세 종류로 압축됩니다. 가장 참혹한 건 여신이 살해되는 겁니다. 두 번째는 납치와 강간이고 세 번째는 남신의 배우자로 삼는 겁니다. 그러면서 여신들의 신격을 떨어뜨리는 거예요. 우리가 알고 있는 신화는 이렇게 편집된 것입니다.

수메르 신화이자 고대 바빌로니아 창세 서사시 〈에누마 엘리시Enuma Elish〉를 보면, 태초에 최초의 여신인 티아마트와 남신 아프수가 있었다고 해요. 티아마트는 바다의 신이었고 아프수는 담수의 신이었습니다. 이 두 신은 다른 많은 신을 낳았습니다. 그런데 신들이 너무 많다 보니 매우 시끄러워요. 그래서 그들은 자신들의 자손인 다른 신들을 싹 없애 버리려고 했어요. 헌데 이 정보가 새어 나간 거죠. 다른 신들도 순순히 죽을 수 없어 회의를 열고 반란을 일으키게 되는데 마

신화적으로 볼 때, 정복은 세 종류로 압축됩니다.
가장 참혹한 건 여신이 살해되는 겁니다.
두 번째는 납치와 강간이고
 세 번째는 남신의 배우자로 삼는 겁니다.
그러면서 여신들의 신격을 떨어뜨리는 거예요.
우리가 알고 있는 신화는 이렇게 편집된 것입니다.

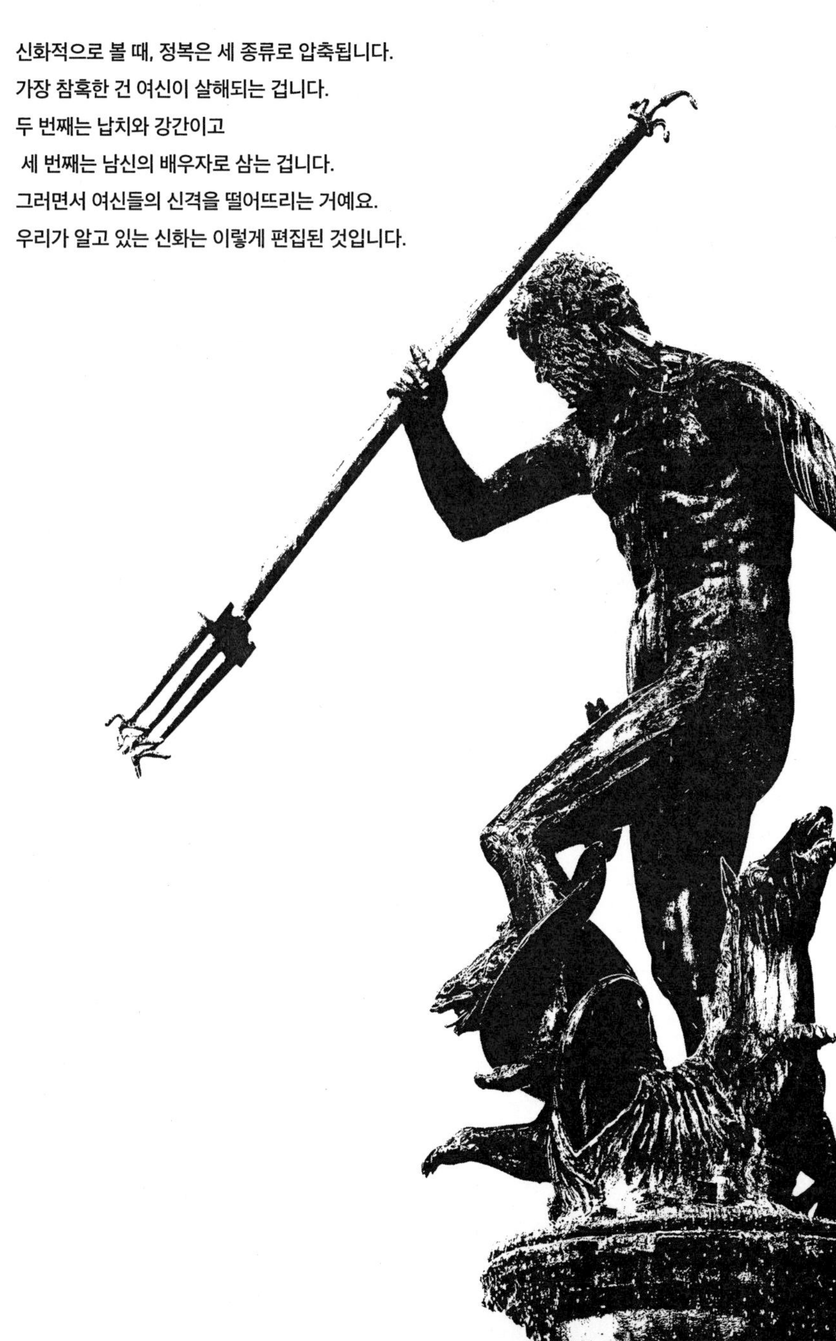

르두크라는 남신이 우두머리가 됩니다. 그래서 우주 전쟁이 벌어지게 되는데요, 여기서 티아마트의 남편인 아프수는 힘 한번 제대로 써 보지 못하고 사라져요. 사실상 우주의 주도권은 티아마트라는 여신이 가지고 있었다는 의미예요. 결국 여신 티아마트와 남신 마르두크의 대결이 됩니다. 신화에서 티아마트의 형상은 용으로 그려지고 마르두크에게 죽임을 당하게 됩니다. 위대한 영웅신 마르두크에 의해 태초의 대모신이자 바다의 신이 살해되는 거죠.

서양의 신화와 민담을 보세요. 왕자가 권력을 얻거나 아리따운 공주를 구하기 위해서 용을 죽이는 모티프가 반복되고 있어요. 이것은 마르두크가 티아마트를 죽이는 이야기의 변용들입니다. 저 까마득하게 먼 시기에 우리 인류에게 일어났던 역사의 반복이지요. 앞서 말했듯이 BC 4000년 전부터 남신 문명, 소위 가부장제 문화가 인류 전체를 지배하기 시작해요. 이 문화가 BC 2000년경에 완성됩니다. 〈에누마 엘리시〉를 역사적 맥락으로 분석해 보면 BC 1800년 전후로 메소포타미아 중심 세력이 된 바빌로니아가 성장하는 과정을 보여 주는 것입니다. 신화를 통해 역사적 사실을 확인할 수 있어요.

《장자》에 나오는 '혼돈의 살해'가 이런 인류의 역사를 담고 있는 건지도 몰라요. 혼돈은 생명의 근원인 자궁이에요. 다른 말로 표현하면 우주의 어머니입니다. 혼돈이 살해되는 이야기와 〈에누마 엘리시〉의 구조는 동일해요. 티아마트도 신들의 어머니잖아요. 모두 어머니가 살해되는 신화예요. 그리고 이후 모든 것을 남자, 즉 아버지가 장악하게 돼요.

　남자의 무의식 속에는 여자에 대한 근원적인 열등감이 있어요. 프로이트의 이론을 한마디로 요약하자면 바로 '남근'이에요. 남근이 모든 심리적 서사의 중심입니다. 그는 여자들이 남근에 대한 선망과 열등감을 가지고 있다고 말해요. 하지만 신화를 보면 정반대로 남자들이 여자에 대한 선망과 열등감을 갖고 있어요. 남자는 생명을 잉태하지 못하기 때문이에요. 자궁이 없으니까요. 이게 남자의 근원적 열등감이에요. 이를 극복한 게 바로 남성 중심으로 재편된 신화입니다. 이 신화 속에서는 남자가 생명을 낳기도 해요. 그 대표적 예가 바로 여신 아테나의 탄생입니다. 제가 생각하는 아테나는 여신 시대에서 남신 시대로 넘어갈 때 발생한 과도적 변종입니다.

　그리스의 3대 비극 작가 중 한 명인 아이스킬로스의《오레스테이아Oresteia》3부작(〈아가멤논Agamemnon〉, 〈제주를 바치는 여인들Choephoroi〉, 〈자비로운 여신들Eumenides〉)에는 아테나 여신과 관련된 아주 흥미로운 내용이 있습니다.

　트로이 전쟁에서 그리스군의 총사령관이 누구였죠? 미케네의 왕 아가멤논이었습니다. 그가 그리스 모든 도시국가들의 도움을 받아서 함대를 모아 트로이로 출정하려는데 바람이 불지 않아 출항을 할 수 없었어요. 그래서 부인인 클리타임네스트라의 만류와 절규에도 불구하고 딸 이피게네이아를 아르테미스 여신에게 제물로 바칩니다. 그제야 비로소 바람이 불었고 트로이로 출정할 수 있었습니다. 전쟁이 끝나고 승전고를 울리며 돌아온 아가멤논의 운명은 어떻게 되었을까요? 딸의 희생에 대한 복수심을 품고 있던 클리타임네스트라에게 살해당합니다. 이 그리스 전쟁 영웅의 최후가 바로 《오레스테이아》 3부작의 1부인 〈아가멤논〉입니다. 2부 〈제주를 바치는 여인들〉은 이 사실을 알게 된 아들 오레스테스가 아버지의 복수를 위해 어머니인 클리타임네스트라를 살해하는 내용입니다. 참 콩가루 집안이죠. (웃음) 결국 오레스테스는 복수의 여신들의 응징을 피해 도망자 신세가 됩니다.

마지막인 3부 〈자비로운 여신들〉에서는 오레스테스의 재판이 벌어집니다. 아폴론의 도움으로 피신해 있던 오레스테스는 아테나 신전에서 재판을 받게 됩니다. 아테나 여신은 살인 사건을 재판하기 위해 아테네의 훌륭한 시민들로 배심원을 구성하고 자신은 의장이 됩니다. 복수의 여신들은 검사가 되고 아폴론은 변호사가 되어 유죄와 무죄를 가리는 법정 다툼을 하는데 정말 재미있습니다. 아폴론이 "당신들이 복수의 여신이라면 왜 오레스테스만 응징하려 하느냐, 아내가 남편을 죽인 것에 대해서는 왜 침묵하느냐?"라고 비판하자 복수의 여신들은 "우린 혈족을 죽인 자에게만 복수한다. 남편과 부인은 혈족이 아니다. 피 한 방울 안 섞였다. 그러나 아들은 어머니의 피를 타고났다. 혈족을 죽인 것이다"라고 반박합니다. 여기서 중요한 피의 문제가 발생합니다. 결국 이 재판은 모계와 부계 중 어느 쪽이 혈족이냐를 가리는 재판이 되어 버린 것이죠.

오레스테스가 "나도 어머니의 피를 나누고 있단 말인가요?"라고 반문하자, 복수의 여신들은 "너를 품에 안고 젖을 먹이며 얼마나 애지중지 키웠는데, 이 파렴치한 살인자 좀 봐. 가장 소중한 어머니의 피를 부인하겠다는 말인가?"라고 유죄를 주장하며 모계 사회를 대변합니다. 반면 아폴론은 "어머니란 그 어머니의 자식이라 불리는 자의 혈친이 아니라, 그 태내에 새로 깃든 씨를 기르는 데 불과한 것이다. 자식을 만드는 것은 아버지이며 어머니는 오직 주인이 손님을 접대하듯 그 어린 싹을 보육해 나가는 것이다"라고 부계 사회를 대변하며 무죄를 주장합니다. 그리고 배심원들의 투표로 판결이 내려졌는데, 가부 동수가 나오게 되고 오레스테스는 무죄를 선고받습니다. 그런데 가장 먼저 투표를 한 아테나가 의미심장한 발언을 했습니다. "최후의 심판을 결정하는 것이 나의 임무다. 그러니 나는 이 투표를 오레스테스 쪽에 던지기로 하겠다. 나에게는 어머니가 없으므로 모든 일에 있어 남성의 편을 들겠다. 가장인 남편을 죽인 여자의 죽음을 중요하다고는 보지 않는다." 여신인 아테나가 모계 혈족을 부정하고 부계 혈족을 인정한 것이에요. 그것도 배심원제에 따른 민주적인 재판을 통해서 말이죠.

재판에 결정적인 영향을 끼친 것은 아테나의 탄생 과정입니다. 제우스의 첫째 부인은 신과 인간들 중에서 가장 지혜로운 메티스 여신이었습니다. 그런데 법과 정의의 여신 테미스가 "장차 메티스에게서 태어날 아들이 제우스를 대신해 신들의 왕이 되리라"라고 예언합니다. 그 얘기를 듣자마자 제우스는 놀랍게도 아내인 메티스를 통째로 삼켜 버렸습니다. 당시 메티스는 임신한 상태였어요. 어느 날 제우스에게 감당할 수 없는 두통이 밀려왔어요. 그래서 대장장이 신인 헤파이스토스에게 제 머리를 도끼로 내리쳐 달라고 부탁합니다. 두개골을 열어 두통의 원인을 알고자 한 거예요. 물론 제우스가 불사의 신이기에 가능한 부탁이었겠죠. 헤파이스토스가 도끼로 제우스의 머리를 힘껏 내리치자 천둥소리와 함께 완전무장을 한 여성이 튀어나왔어요. 그게 바로 아테나 여신이에요. 모든 생명은 어머니의 자궁에서 나오는 것이 자연의 이치인데 아버지의 머리에서 탄생하는 희한한 일이 벌어진 겁니다. 그래서 아테나는 스스로 '아버지의 딸'이라고 합니다. 오레스테스에게 무죄를 선고한 것도 이 때문입니다. 자신은 여자이면서 남자 편을 들죠. 참 묘한 신입니다.

사실 마르두크도 마찬가집니다. 그가 신들의 우두머리로 뽑힐 때 보여 준 능력이 바로 '말씀의 능력'이었습니다. 말로 무엇을 존재하게도 하고 사라지게도 만들었습니다. 티아마트를 제거한 후에는 세계와 인간을 창조하기 시작합니다. 남신도 생명을 탄생시킬 수 있게 된 거죠. 이것은 자궁이 아니라 말씀의 창조입니다. 남신이 여신에게서 창조의 능력을 빼앗은 거예요. 이는 동양에서도 마찬가지였어요. 비슷한 시기에 이런 말이 나옵니다. '아버지 날 낳으시고 어머니 날 기르시니父兮生我 母兮鞠我.'('요아蓼莪', 〈소아小雅〉, 《시경詩經》) 공자가 살았던 춘추전국시대부터 가부장적인 유교 문화권에서 통용되어 온 말입니다. 조선시대 사람들은 한문을 몰라도 이 말은 다들 외우고 살았어요. 남신 문명의 신화는 이렇게 역사가 되어 이어진 겁니다.

• 남성 중심 사회의 위험성

노자와 장자는 강력한 남성의 힘이 확장되고 충돌하던 춘추전국시대를 살았어요. 전쟁과 정복으로 대변되는 그 시대의 패러다임에 대해 많은 문제의식을 갖게 되었고요. 그래서 노자와 장자는 잃어버린 역사인 여신 문명의 사유와 삶의 양식을 다시 찾아와야 한다고 생각했던 것 같습니다. 《노자》를 보면 여성적인 메타포로 가득 차 있어요. 온통 여성 생식기의 상징들로 가득 차 있다고 한다면 좀 놀랍나요? 실제 그래요. 《장자》의 출발도 혼돈(우주적 자궁)이고 내편의 마지막도 '혼돈이 살해됐다'는 치명적인 인류의 문명사를 고발하고 있습니다. 이게 노자와 장자 사상의 숨은 핵입니다. 어려워 보이는 개념들은 사실 이 핵의 표면에 난 무늬에 불과해요.

남신 문명 이후 남성 중심 사회는 끊임없이 무언가를 분별하고 질서를 세웁니다. 나누고 쪼개어 가치를 평가하고 분별하고 분류하여 줄을 세우지요. 이는 사회적 등급과 차별로 연결됩니다. 이 바탕 위에 세상의 질서가 세워지게 되거든요. 물론 지배와 복종의 질서지요. 노자와 장자는 이런 세상의 분류와 분별을 철저하게 비판하고, 거기에 도전했던 사상가입니다. 그것을 잘 보여 주는 것이 《장자》의 〈제물론齊物論〉 편이에요. 장자는 세상의 진위와 시비를 상대적인 것으로 보며 함께 '하나'로 돌아가야 한다고 했어요. 분별과 차별이 없는 이전의 세계로 회귀하자는 거예요. '도는 통하여 하나가 된다道通爲一'는 거죠.

이와 관련해《장자》의 〈변무騈拇〉편에 '오리 다리, 학 다리'라는 아주 유명한 이야기가 나옵니다. '긴 다리가 아름답다'라는 분별과 편견을 가진 사람은 오리 다리를 보면 불쌍해서 못 견뎌요. 다리가 너무 짧아 추해 보이는 거예요. 그래서 오리 다리를 이어 주게 됩니다. 반대로 '짧은 다리가 아름답다'는 분별과 편견을 가진 사람은 학 다리를 보면 견딜 수가 없어요. 그래서 학 다리를 잘라 줍니다. 오리 다리처럼 짧게 만들어 버려요. 그래야 예뻐 보이니까요. 그러나 그렇게 된 오리나 학은 모두 죽고 말았을 것입니다.

그리스 신화에도 비슷한 이야기가 있어요. 혹시 프로크루스테스의 침대 이야기를 알고 있나요? 그는 아테네 교외의 강가에 살았는데 나그네들을 집으로 초대한 후 맛있는 저녁을 대접합니다. 그리고는 밤이 되면 자신의 침대에 재우지요. 그런데 침대보다 키가 크면 머리나 다리를 자르고 작으면 몸을 잡아 늘였습니다. 그렇게 자기 침대에 맞춰 사람의 몸을 자르고 늘이니 프로크루스테스의 집에 초대받은 사람들은 모두 죽고 말았습니다.

이 두 이야기를 통해 자기중심의 분별과 차별이 타자에게 적용될 때 그것이 얼마나 큰 폭력이 되는가를 확인할 수 있습니다. 장자의 〈제물론〉이 말하는 것은 오리든 학이든, 키가 크든 작든, 모든 사물의 가치가 평등함을 깨닫자는 것입니다. 모두 각자 자신의 모습 그대로 가치 있고 아름다운 것이죠.

노자는 장자보다 앞선 춘추시대를 살았지만, 여성성을 강조하며 남성 중심의 가치를 전복시키는 주장을 펼쳤습니다. 당시로선 굉장히 혁명적인 사고였죠.

딱딱하고 강한 것은 죽음의 무리요, 부드럽고 약한 것은 삶의 무리다堅強者死之徒 柔弱者生之徒.

— 《노자》 76장

암컷은 늘 고요함으로써 수컷을 이기고 고요함으로써 자기를 낮추기 때문이다牝常以靜勝牡 以靜爲下.

— 《노자》 61장

나 홀로 뭇 사람과 다른 것이 있다면 온갖 것을 먹이는 어미를 귀하게 여기는 것이다我獨異於人 而貴食母.

— 《노자》 20장

골짜기의 신은 죽지 않는다. 이를 일컬어 검은 암컷이라고 한다. 검은 암컷의 문은 하늘과 땅의 뿌리이다. 그것은 이어지고 또 이어져 끊어지지 않고 지속되며 그 작용은 마르지 않는다谷神不死 是謂玄牝 玄牝之門 是謂天地根 綿綿若存 用之不勤.

— 《노자》 6장

'살아 있는 것'은 부드럽습니다. 이 부드러움을 노자는 여성성의 특성으로 보았어요. 생명이 죽으면 어떻게 되나요? 경직돼요. 딱딱해집니다. 남성 중심의 문화는 강함을 추구하고 서로 그 강함을 경쟁합니다. 그리하여 폭력과 전쟁으로 확장되지요. 강함의 추구, 그 끝은 죽음입니다. 76장에는 남성성, 강함을 추구하는 문명에 대한 노자의 비판적인 시각이 잘 나타나 있습니다. 나머지는 여성성에 대한 긍정적인 시각을 피력하고 있어요. 여성성은 이기려 하지 않아요. 다만 부드럽고 고요히 자기를 낮추면서 상대를 포용합니다. 그래서 상생할 수 있다면 그것이 진정 이기는 겁니다. 노자는 여성성의 삶의 양식이 그렇다고 본 것이지요. 20장에 나온 '모든 것을 먹이는 어머니'는 도道를 말하고 있습니다. 노자의 도는 생명을 낳고 살리고 기르는 어머니와 같은 것입니다. 여성에 대한 노골적인 메타포도 등장하는데요, 예를 들어 '골짜기의 신'과 '검은 암컷의 문'은 여성의 생식기를 상징하는 것입니다. 여성의 자궁이야말로 생명의 근원이고 달리 말하면 어머니입니다.

혹시 영화 〈다빈치 코드〉를 보았나요? 거기서 주인공이 찾아낸 성배가 뭐였죠? 예수가 최후의 만찬에 사용한 술잔이 아니었어요. 예수의 아이를 잉태한 막달라 마리아의 자궁이 진정한 성배였습니다. 가톨릭교회는 예수의 신성을 지키기 위해 이 사실을 숨기고 살인도 마다하지 않았죠. 그래서 예수의 후손들은 가톨릭교회에 의해 철저히 비밀에 붙여져 수 세기 동안 숨어 지내야 했다는 이야기입니다. 재미있지 않나요?

그릇이나 항아리는 여성(여신)의 몸, 혹은 배를 가리키는 아주 오래된 원형적 상징이에요. 〈다빈치 코드〉의 성배는 이러한 상징의 연장선상에 있는 거죠.

리안 아이슬러가 쓴 《성배와 칼》이라는 책이 있어요. 여기서도 '성배'가 그와 같은 상징으로 쓰이고 있어요. 《성배와 칼》은 권력을 휘두르는 지배 중심 사회체제(칼의 문화)와 협력과 공존을 중요시하는 공동 협력 사회체제(성배의 문화)에 대해 이야기합니다. 칼은 힘과 경쟁을 추구하는 전사 계급이 만든 남신 문명을, 성배는 생명과 평화를 찬양하는 여신 문명을 상징한 것입니다. 저자는 이 책에서 인간의 역사가 평화보다 전쟁에 더 많은 시간을 투자했던 이유는 바로 '칼의 문화'가 세상을 지배해 왔기 때문이라고 말합니다. 그리고 그 정점에 지금 우리가 살고 있어요. 소유와 지배로 점철된 세계가 바로 이 시대죠. 소유하지 못하면 지배당하고 더 많이 소유할수록 더 많은 사람을 지배할 수 있습니다. 유감스럽지만 '1:99 사회'에 여러분이 살고 있습니다. 여러분 역시 그 거대한 경쟁의 시스템 속에 있기 때문에 밤을 새워 가며 고통스럽게 공부해야 하는 거죠.

그러나 여신 문명은 다릅니다. 앞서 이야기한 차탈휘위크 유적에서 발견된 유물로 확인할 수 있습니다. 소유와 지배의 문명이 아닌 평화롭고 평등한 세계였습니다. 노자의 이 말처럼 말이지요.

그것은 낳으면서도 자기 것으로 소유하지 아니하고, 되게 해 주면

서도 거기에 기대지 아니하며, 자라게 하면서도 지배하려 하지 않는
다 生而不有 爲而不恃 長而不宰.

―《노자》 51장

《노자》를 가장 오래된 페미니즘, 여성주의 경전이라 볼 수 있는 이
유도 바로 여기에 있습니다. 여신 문명의 전통을 철학화한 책이기 때문
입니다. 본래 부자父子 관계는 이념적이고 제도적인 관계예요. 모자母子
관계는 자연적이고 생명적인 관계입니다. 이걸 뒤집어엎은 게 아테나
의 법정입니다. 남성 중심의 혈족 관계로 인해 소유와 지배의 세계가
열린 거예요.

그런데 소유에 집착하여 계속 축적되기만 하면 어떻게 될까요? 이
스라엘에 있는 갈릴리해와 사해를 알고 있나요? 실은 바다가 아닌 호
수인데 너무 커서 바다로 불려요. 둘 다 헤르몬산에서 시작한 요르단
강의 물이 흘러들어 생긴 것인데 갈릴리해는 물도 맑고 고기도 많지
만 사해는 이름처럼 죽은 바다예요. 염분이 너무 많아 사람이 둥둥 뜰
정도여서 생명이 살 수 없어요. 왜 이런 차이가 생긴 걸까요? 갈릴리
해는 흘러 들어온 물을 다시 흘려보내지만 사해는 받기만 하고 흘려
보내지 않기 때문이에요. 소유하기만 하는 거죠. 이처럼 소유의 끝은
죽음입니다. 생명이 살 수 없어요. 비워야 생명이 살아갑니다. 소유나
지배는 생명의 논리가 아니에요.

204

• 타자의 감옥과 나의 해방

생명은 감응하는 존재입니다. 앞서 생명의 근원은 혼돈이고 그 혼돈이 여성성이라는 이야기를 했는데요, 그렇게 태어난 생명의 특징은 바로 감응, 흔히 말하는 '필'입니다. 이 필이 없으면 생명이 아니에요. 필을 잃어버린 사람은 살아 있는 시체와 다름없어요.

《장자》의 〈지북유知北遊〉편에 이와 관련한 재미있는 이야기가 있습니다. 동곽자라는 사람이 장자를 찾아와서 도道에 대해 묻는 일화입니다. 그 시대는 요즘과 달라서 어느 분야에 고수가 있으면 '맞짱 뜨러' 가는 사람이 많았어요. 네가 얼마나 센지 나랑 한판 붙어 보자 하면서 도전했어요. 무술을 하는 사람들도 고수를 찾아가 승부를 가리잖아요. 동곽자도 장자라는 고수가 있단 말을 듣고 한판 붙으러 간 거예요. 그리곤 처음부터 거두절미, 다짜고짜 핵심을 관통하는 질문을 냅다 던집니다.

> 동곽자東郭子가 장자에게 물었다. "소위 도道란 어디에 있습니까?"
>
> 장자가 대답했다. "없는 곳이 없소."
>
> 동곽자가 물었다. "분명히 가르쳐 주십시오."
>
> 장자가 대답했다. "땅강아지나 개미에게 있소."
>
> (동곽자가) "어째서 그렇게 낮은 것에 있습니까?" 하고 물으니까 (장자는 다시) "돌피나 피에 있소" 하고 대답했다.

(동곽자가) "어째서 그렇게 점점 더 낮아집니까?" 하고 묻자 (장자는 다시) "기와나 벽돌에도 있소" 하고 대답했다.

(동곽자가) "어째서 그렇게 차츰 더 심하게 내려갑니까?" 하고 물으니까 (장자는 다시) "똥이나 오줌에도 있소" 하고 대답했다.

동곽자는 아무 대꾸도 하지 않았다.

— 〈지북유知北遊〉, 《장자》

'도가 어디 있습니까?'라는 질문을 서양식으로 하면 '신은 어디에 있습니까?' 혹은 '신은 무엇입니까?'라는 질문과 같은 겁니다. 종교 재판을 벌이던 중세였으면 목숨을 걸어야 할 정말 무시무시한 질문이에요. 그런데 장자는 한 술 더 떠 "신은 네가 맨날 누는 똥이나 오줌 속에도 있어"라고 이야기한 셈이죠. 여러분 중에도 성당이나 교회에 다니는 사람이 있을 텐데요, 만약 신앙심이 깊은 중세 사람들이 장자의 이야기를 들었으면 얼마나 큰 충격을 받았을지 한번 생각해 보세요. 동곽자가 말문이 막혀 대꾸를 못 한 것도 마찬가지 이유예요.

장자의 말에 담긴 뜻은 모든 것이 다 도라는 이야기예요. 세상에는 신성하지 않은 게 없다는 말입니다. 장자는 도의 근원을 혼돈에서 찾았습니다. 혼돈은 생명이거든요. 생명을 낳는 곳입니다. 그렇다면 '모든 것이 도'라는 그의 이야기는 곧 모든 것은 생명성을 가지고 있다는 말입니다. 제가 아까 생명의 특징이 뭐라고 했습니까? 감응, 필이라고 했죠. 모든 생명은 필을 가지고 있습니다. 이제부터는 그 이야기를 하려고 합니다.《장자》의 〈소요유〉편에 나오는 '무용지용無用之用', 쓸모없음의 쓸모에 대한 내용입니다.

혜자가 장자에게 말했다. "위왕이 큰 박씨를 주길래 그것을 심었더니, 자라나 닷 석이나 들어갈 정도의 열매가 열렸소. 물을 담자니 무거워 들 수가 없고, 둘로 쪼개서 바가지로 쓰자니 납작하고 얕아서 아무것도 담을 수가 없었소. 확실히 크기는 컸지만 아무 쓸모가 없어 부숴 버리고 말았지요."

장자가 말했다. "당신은 큰 것을 쓰는 방법이 매우 서툴군요. (……) 왜 큰 통의 배를 만들어서 강호江湖에 띄워 유유히 즐기려 하지 않고, 편편해서 아무것도 담을 수 없다고 불평하는 것을 보면 당신의 마음은 꽉 막혔구려."

(……)

혜자가 장자에게 말했다. "내게 큰 나무가 있는데, 사람들은 그걸 가죽나무라고 하더군요. 줄기는 울퉁불퉁하여 먹줄을 칠 수가 없고, 가지는 비비 꼬여서 자를 델 수가 없소. 길에 서 있지만 목수가 거들떠보지도 않소. 그런데 당신의 말도 크기만 했지 쓸모가 없어 모두들 외면해 버립디다."

장자는 말했다. "(……) 지금 당신에겐 큰 나무가 있는데 쓸모가 없어 걱정인 듯하오만, 어째서 무하유無何有의 드넓은 들판에 심고 그 곁에서 마음 가는 대로 한가로이 쉬면서, 그 그늘에 유유히 누워 자 보지는 못하오. 도끼에 찍히는 일도 누가 해를 끼칠 일도 없을게요. 쓸모가 없다고 어째서 괴로워한단 말이오."

이 대화의 핵심은 '용用'입니다. '쓸모가 있느냐 없느냐'를 두고 서로 논쟁하고 있어요. 여러분 무협지 읽어 봤습니까? 책 전체가 공갈입니다. (웃음) 읽으면 재밌지만 아무 쓸모없어요. 그런데 혜자의 생각엔 장자의 말이 꼭 무협지처럼 공허한 거예요. 서로의 세계관이 다르기 때문입니다. 여기서 우리는 혜자의 말 속에 들어 있는 세계관과 장자의 말 속에 들어 있는 세계관을 비교해 봐야 해요. 그 전에 '用' 자의 갑골문을 확인해 볼게요.

모두 '用' 자의 갑골문이에요. 다양한 해석이 있는데, 대나무를 묶어서 만든 악기를 형상화했다는 주장이 있어요. 당시엔 대나무를 묶어 악기를 만들었거든요. 그런데 저는 목책木柵을 형상화한 것이라는 해석이 가장 설득력 있다고 생각해요. 목책은 가두는 것입니다. 쓸모가 있다는 건 일단 내 것이 되어야 해요. 저 산속에 뛰노는 멧돼지는 쓸모없어요. 내 목책에 가둬 놓은 돼지만이 잡아먹든 키우든 쓸모가 있는 거예요. 우리는 그걸 가축이라고 부르죠.

다시 말하면 쓸모는 '타자의 감옥'입니다. 가축은 이미 누군가의 울타리에 갇힌 짐승이에요. 짐승의 입장에서 보면 감옥으로 들어간 것이나 진배없어요. 쓸모의 근본적인 성격이 이겁니다. 나 아닌 다른 것을 내 수단의 울타리에 가두는 것이에요. "이 친구 쓸모 있네." 이건 무슨 의미예요? 이용 가치가 있기 때문에 어떤 '관계의 감옥'에 가둬 놓는다는 뜻이죠. 관계를 벗어나거나 끊기면 쓸모없어지기 때문이에요. 물론 쓸모나 쓸모의 가치가 다 나쁜 건 아니에요. 우리 삶에서 굉장히 중요한 가치잖아요. 하지만 그것이 일정한 수준 이상 강조될 때 타자에 대한 폭력이 되기 시작합니다. 나아가서 쓸모가 그 사회의 지배적인 가치나 최고의 가치가 될 때 그 사회는 몹시 위험한 사회가 됩니다.

20세기 철학자인 하이데거는 근대 서양 정신의 가장 큰 문제점을 '자연을 자원으로 본 것'이라고 이야기했어요. 서양의 그 거대한 정신의 흐름이 이 한계를 못 벗어났다는 거죠. 자원이라는 것은 '用', 즉 '쓸모 있는 것'이거든요. 여러분이 생각해 보세요. 저 지리산 속에는 강렬한 태양 아래서 끊임없이 광합성을 하며 자라고 있는 나무들이 있습니다. 그런데 나무들이 '빨리 커서 인간을 위해 책상이 돼야지' 하고 살겠습니까? 나무는 인간을 위한 목재(자원)가 되기 위해 자라는 게 아니에요. 숲 속에서 뛰노는 사슴이 '빨리 커서 인간에게 녹용을 바쳐야지' 하고 살고 있겠습니까? 가축으로 사는 돼지도 '빨리 커서 삼겹

살이 돼야지', '지글지글 불판 위에서 노릇노릇 익어야지' 하는 생각은 안 할 겁니다. 모든 것을 자원으로 본다는 것은 모든 것을 '쓸모'의 관점으로만 본다는 것입니다. 쓸모는 나 스스로가 규정하는 게 아니에요. 남이 나를 규정하는 거예요. 그 사람의 감옥 속에 내가 갇히는 거예요.

아들을 팔아서 좀 미안한데, 저와 제 아들은 무수한 관계가 가능합니다. 그만큼 다양한 감응이 가능해요. 그런데 이 쓸모라는 것은 굉장히 배타적입니다. 쓸모라는 관계가 딱 정립되면 나머지 관계의 가능성이 싹 사라집니다. 요즘 아들과 아버지 사이에 쓸모 중 가장 중시되는 것은 점수입니다. 다시 말하면 쓸모 있는 아들은 공부 잘해서 좋은 대학에 가는 아들인 셈이죠. 그러나 시험 점수 이야기가 딱 나오는 순간 대화가 중단돼요. 아들이 좋아하는 연예인, 여자 친구, 노래, 옷, 꿈과 소망 등 무수히 많은 화제가 있는데 그것들을 놔두고 쓸모에 해당하는 시험 점수 이야기를 꺼내는 순간 그 모든 것은 무용無用한 것이 되어 배경으로 사라집니다. 저도 명색이 장자를 공부한 사람이라서 작년에는 아들에게 시험 점수에 대한 이야기를 안 했거든요. 자유롭게 됐어요. 그랬더니 지금 재수하고 있어요. (웃음) 이처럼 쓸모라는 게 하나 정해지면 나와 너 사이에 있을 수 있는 무수한 감응들은 차단됩니다. 놀라운 일입니다. 굉장히 배타적인 힘을 가지고 있어요.

혜자가 바로 이런 상황이에요. 박의 쓸모를 따진 다음 쓸모가 없으면, 다시 말해 자기 나름의 판단 기준에서 벗어나면 무시하거나 혹은 파괴시킵니다. 쓸모라는 것은 살아가는 데 필요하지만 이처럼 배타적으로 강조되면 바로 타자를 파괴시키는 데까지 나아가게 됩니다. 만약 여러분이 한 친구를 돈주머니로 여기면 그 우정의 관계는 깨지고 사라집니다. 저 아름다운 산과 들이 아파트 부지로 보이는 사람은 그 속에 살아 있는 수많은 꽃과 나무, 동물과 곤충을 보지 못합니다. 쓸모의 관점으로 친구를 보는 순간 친구는 돈으로밖에 안 보이고 우정은 사라져 버려요. 마찬가지로 자연을 돈으로 보는 순간 환경은 파괴됩니다. 쓸모는 필요하지만 일정한 범주를 넘어서면 상상할 수 없을 만큼 무시무시한 폭력이 됩니다.

그래서 장자는 이렇게 이야기해요. "왜 배로 만들어 강호에 띄워 유유히 즐기려 하지 않느냐"라고 말이죠. 또 "무하유의 드넓은 들판에 심어 놓고 그 밑을 거닐어 보지 않느냐" 하고 말이에요. 여기서 무하유는 '유용성의 목책이 없는 곳, 나와 타자의 감옥이 없어 서로 해방된 공간'을 말합니다. 인간과 인간 사이에 지배하고 소유하려는 어떠한 울타리도 없는 곳이에요. 혜자에게 굳게 걸어 잠근 쓸모의 목책을 활짝 열거나 무너뜨리라고 말하는 거죠. 그걸 열면 뭐가 생길까요? 전면적인 감응이 생깁니다. 비로소 필이 오는 거예요. 저와 아들 사이에도 대화의 물꼬가 트이는 거예요. 쓸모에 갇힌 사람은 필의 통로가 다 차단됩니다. 타자에게뿐 아니라 자신에게도 감옥이 되는 거죠. 저 산이 아파트 부지라는 생각에서 벗어날 때 비로소 아름다운 새소리가 들립니다. 나뭇가지에 부는 바람이 내 피부에 와 닿아요. 그러기 전에는 절대 못

느낍니다. 장자는 바로 이 말을 하고 있는 거예요. 참된 감응은 아름다움과 즐거움으로 가득 차 있다고 말이에요.

이처럼 두 사람은 다른 세계에 살고 있었던 겁니다. 혜자의 세계는 유용성을 강조한 도구적 관계의 세계죠. 그 관계의 끝은 소유와 지배예요. '울타리에 갇힌 것은 내 소유이고 내가 지배한다'라는 거죠. 타자를 감옥에 가두는 관계예요. 이것은 노자가 말한 '딱딱하고 강한 것', 즉 남성성의 삶의 양식입니다. 그 울타리를 풀면 아름다움과 즐거움이 가능해지는데 말이죠. 반면 장자의 세계는 심미적 관계예요. 타자와의 모든 통로를 열고 아름다운 자연과 전면적으로 감응하는 관계예요. 새소리를 듣고 바람을 느끼는, 우주의 무궁한 연결망으로 상호 감응하는 체계예요. 장자는 끊임없이 심미적 관계를 이야기해요. 너와 나 사이, 나와 아버지 사이, 나와 어머니 사이의 심리적 감응, 필을 느낄 수 있도록 말이죠. 우리가 이 쓸모의 틀에서 벗어나면 모든 것이 살아 있음을 느낄 수 있어요. 모든 것과 감응이 가능합니다. 생명의 즐거움을 느낄 수 있어요. 이것이 쓸모없음의 쓸모이며, 진정한 생명의 쓸모예요. 장자 철학은 한마디로 쓸모의 감옥에서 벗어나서 생명의 필을 되찾는 거예요. 달리 말하면 서로 즐겁게 놀자는 거죠.

이게 진짜 사는 거죠. 진짜 즐거움이에요. 온몸의 세포 하나하나가 살아 움직이고 느끼는 전면적인 생의 즐거움이죠. 이걸 장자는 지극한 즐거움, 지락至樂이라고 했습니다. 바로 장자가 말하는 물아일체의 체험입니다. 만물과 내가 하나 되는 즐거움, 이게 오늘 이야기의 핵심이에요. 또한 이것은 노자가 말한 여성성의 삶의 양식입니다.

• 생명 감수성의 회복

다시 처음 이야기로 돌아가 봅시다. 물고기의 즐거움을 알 수 있는
지 없는지 논쟁한 장자와 혜자 중 누가 이겼다고 생각하나요? 물론 관
점에 따라 다를 수 있습니다. 정말 논리적인 건 혜자입니다. 장자는 논
리에서 말문이 막혀 버렸어요. 그러나 동곽자처럼 입을 다물지 않고
대화의 방향을 싹 바꿉니다. "자 처음으로 돌아가 말해 봅시다" 하고
말이죠. 이는 대화 전체의 흐름을 전복시키고 있어요.

강이 흐르고 그 안에 물고기가 있습니다. 장자는 호숫가에서 그 물
고기를 바라보고 있어요. 혜자는 어떻게 서 있을까요? 뒷짐을 지고 장
자를 보고 있습니다. 혜자는 결코 물고기를 보지 않아요. "피라미가
한가롭게 헤엄치고 있소. 이게 물고기의 즐거움이란 거요" 하고 장자가
말한 순간, 장자를 보면서 장자가 내뱉은 말에 반응할 뿐이죠. "당신은
물고기가 아니오. 어찌 물고기의 즐거움을 안단 말이오?"라고요. 이게
논리의 세계예요. 딱딱하고 강한 질서의 세계입니다. 이런 논리는 분별
에서 생기고요.

혜자가 분별의 논리라면 장자는 생명의 논리예요. 장자는 부드러운
생명과 생명이 직접 감응하는 차원에서 놀고 있어요. 그런데 생명의

논리를 말로 표현하기란 여간 어려운 게 아니에요.《장자》를 읽다 보면 결정적인 순간, 천하에 달변인 장자의 말이 어눌해지는 것을 많이 발견할 수 있어요. 핵심을 이야기하려는 순간, 문장이 이상해지거나 설명이 툭 끊겨 버리기도 해요. 생명의 논리는 말로 표현이 잘 안 되거든요.

장자는 변명을 합니다. "당신은 '어찌 당신이 물고기의 즐거움을 안단 말이오?'라고 했지만, 이미 그것은 내가 안다는 것을 (당신도) 알고서 내게 물은 거요." 쉽게 말해 이겁니다. "혜자, 너도 알았잖아. 이 물고기하고 나하고 그 순간 필이 확 꽂혔던 거 말이야." 사실 장자가 할 수 있는 말이라곤 딱 이 말뿐입니다. 장자는 다른 생명과 직접 접촉하고 감응할 수 있는 필의 세계에 살고 있어서 물고기의 즐거움을 분명히 느낄 수 있으니까요.

이 강의는 환경문제를 이야기하며 출발했습니다. 그러면서 환경문제의 진정한 해결책은 우리의 마음이 바뀌는 것이라고 했습니다. 궁극적으로는 자연을 대하는 감수성을 회복해야 하고요. 하지만 안타깝게도 우리의 감수성은 매년 조금씩 마비돼 가고 있어요. 튀빙겐대학의 실험을 통해 우리는 색깔을 분별하는 능력을 점점 잃어 가고 있다는 사실을 알게 되었죠. 그뿐 아니에요. 자연, 생명과 감응하는 능력도 점점 퇴보하고 있어요. 혹시 새소리를 듣는 훈련을 받아 본 사람이 있습니까? 천성산 터널 공사를 반대하신 지율스님은 도롱뇽의 비명을 들었다고 합니다. 생명 감수성이 발달하면 그런 작은 소리까지 들리는 거예요. 제주 강정마을의 구럼비를 생각해 보세요. 강정마을을 지키고 있는 사람들 중에는 구럼비 바위의 비명을 들은 사람이 있을지도 몰라요. 우리 귀엔 잘 안 들리지만 말이에요. 그러니 우리도 하루빨리 이런 생명 감수성을 회복해야 합니다.

노자와 장자의 사상은 곰팡내 나는 골동품이 결코 아니에요. 살인적인 무한 경쟁 시스템과 모든 것을 수단으로 여기는 도구적 세계관이 극단에 이른 오늘날, 노자와 장자의 목소리는 어느 때보다 생생하게 살아서 우리에게 울려옵니다. 노자가 제시하는 여성성의 삶의 양식과 장자가 보여 주는 심미적 감응의 경지는 모두 생명의 이야기들입니다. 생명을 소유하고 지배하는 것이 아니라 모든 생명과 감응하고 서로 아름다움을 향유하며, 서로 기르고 살리는 세계의 전망을 보여 주고 있습니다. 이제 이들의 이야기를 통해 우리 모두가 생명의 감수성을 회복하고, 그리하여 우리 사회에 생명의 즐거움이 항상 넘치기를 기원해 봅니다.

여러분, 오늘 저와 긴 시간 놀아 주어 고맙습니다.

* 이 글의 인용문은 김원중 역의 《노자》(글항아리. 2013)와 안동림 역주의 《莊子》(현암사. 2010)를 참고했습니다.

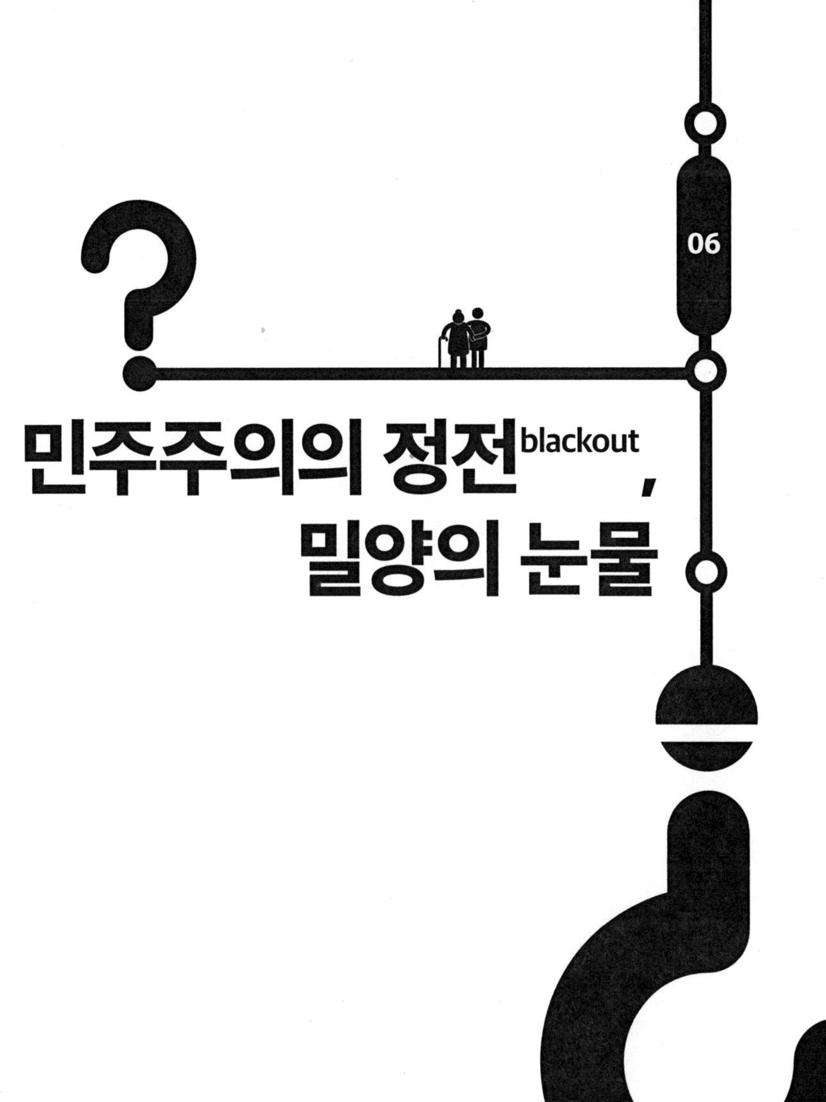

민주주의의 정전^{blackout}, 밀양의 눈물

이계삼 밀양송전탑반대대책위 사무국장

1973년 경남 밀양에서 태어나, 대학교, 대학원, 군대, 교직 초년 도합 11년을 제외한 나머지 30여 년을 고향에서만 살았습니다. 경기 김포 통진중학교, 통진고등학교, 경남 밀양 밀성고등학교에서 또한 11년간 국어 교사로 일했습니다.

교육을 통해서 어떻게 인간이 평등해지고 자신의 운명을 깨닫게 되는지, 그리고 자유로워지는지를 늘 탐구하고 고민했습니다만, 제가 일했던 제도권 학교에서는 답을 찾지 못했습니다. 다만 친구들과의 싱그러운 우정의 힘으로 버티며 하루하루 살았습니다.

조금 더 근본적인 자리에서 의미 깊은 일을 해 보고자 2012년 학교를 그만두고 농사와 인문학을 큰 줄기로 하는 작은 학교를 만드는 일을 하고자 했습니다. 그러나, 고향 밀양에서 일어난 765kV 송전탑 반대 투쟁에 우연하게 끼어든 뒤로 애초의 포부를 뒤로 미루고 지금은 송전탑 반대 투쟁에서 어르신들을 돕는 일을 주로 하고 있습니다.

교직에 들어선 이래 교육과 사회에 관한 글을 써 왔고, 그동안 이를 묶어서 몇 권의 책을 냈습니다. 하루빨리 일상으로 돌아가 책 읽고 글 쓰고, 청년들과 농사를 지으며 함께 공부하는 삶을 꿈꾸고 있습니다.

학교를 그만둔 후 이런 자리에 오게 될 거라고는 꿈에도 생각하지 못했어요. 더구나 절박한 싸움의 현장을 이야기하기 위해 여러분 앞에 설 줄은 더더욱 몰랐습니다. 오늘 저는 이곳 밀양에서 벌어지고 있는 '송전탑 반대 투쟁'에 대해 이야기할 거예요. 오늘 여러분은 한국 사회의 이면을 적나라하게 보여 주는 중요한 진실과 대면하게 될 겁니다. 의미 있는 시간이 되길 바랍니다.

우선 여러분이 밀양 송전탑 반대 투쟁이 어떻게 벌어지게 되었는지 알아야 할 것 같아서 간략하게 설명하겠습니다.

한국전력(한전)이라는 거대한 공기업이 있습니다. 발전 부문이나 전력 거래 등의 영역은 자회사로 떼 주었지만, 우리나라 전력산업 전체를 관장하는 공기업입니다. 매출 순위를 기준으로 하면 우리나라 전체 상장 기업 가운데 4위 정도에 해당하는 굉장한 기업이지요.

한전에서 2005년부터 신고리 핵발전소에서 생산한 전기를 도시로 수송하기 위해 765kV 송전선로를 설치하는 공사를 추진했습니다. 울산시 울주군에 위치한 신고리 핵발전소에서부터 경남 창녕군에 있는

북경남변전소까지 총연장 90.5km 구간에 161기의 송전탑을 설치하는 공사예요. 공사 규모가 큰 만큼 처음에는 수도권까지 전기를 보낼 계획이었는데 중간에 대구권까지만 보내는 것으로 변경되었다고 해요.

765kV는 우리가 상상할 수 없을 만큼 초고압 전류여서 송전탑 높이만도 100m를 훌쩍 넘습니다. 그만큼 송전선로 주변 지역은 막대한 피해를 입게 돼요. 그래서 송전선로가 지나가는 울주, 기장, 양산, 밀양, 창녕 5개 시·군의 주민들은 굉장히 오랫동안 반대 운동을 했는데, 결국 버티질 못했어요. 밀양만 남아서 지금껏 8년째 투쟁하고 있습니다. 왜 밀양 주민들은 포기하지 않고 투쟁을 이어 가고 있는 걸까요? 밀양시 구간에는 69기의 송전탑이 설치될 예정인데 송전선로가 마을과 너무 가깝게 설계되어 있기 때문이에요. 주민들은 전자파 등으로 인한 엄청난 건강상의 고통과 하루아침에 몰락하게 될 재산 가치, 경관 피해를 받아들일 수 없는 거예요. 그래서 주민들은 한전 측에 우회 선로를 개발하거나, 굳이 765kV 송전선로를 새로 설치할 것 없이 신고리 핵발전소와 연결되어 있는 기존 송전선로를 이용해 송전하거나, 345kV로 전압을 낮추어서 송전선을 땅에 묻는 지중화를 요구했어요.

한전은 주민들의 요구를 단 하나도 수용하지 않았습니다. 전면적인 계획 변경은 할 수 없다면서요. 대신 보상을 중심으로 '돈을 얼마 더 주겠다'는 방식으로만 접근했어요. 그러면서 막무가내로 공사를 시도했고 그때마다 주민들이 물러서지 않고 싸워서 중단시킨 것만 벌써 11번째예요. 그사이, 국회 등 여러 국가기관이 나서며 중재를 시도했지만 별다른 역할을 하지 못했습니다.

지난 몇 년 동안 주민들과 한전이 부딪힌 현장은 매우 처절했습니다. 그때는 밀양 싸움이 전국적으로 알려지지도 않았고, 지방 언론에도 별로 등장하지 않았기 때문에 절대 다수의 사람들이 모르고 있었어요. 굉장히 외로운 싸움이었어요. 더구나 현장에서 주민들이 겪었던 폭력과 모멸은 상상을 초월했습니다. 토지를 강제수용하며 공사를 진행하는 과정에서 한전은 용역들을 동원해 60~70대 노인들이 대부분인 주민들에게 물리력을 행사하고 폭언을 일삼았거든요. 그간의 분노와 고통이 얼마나 컸던지 2012년 1월 16일 할아버지 한 분이 분실자결을 하셨습니다. 이 사건으로 인해 밀양 송전탑 싸움이 7년 만에 비로소 세상에 널리 알려지게 되었어요. 저도 그때 대책위에 결합해서 주민들과 함께 싸우고 있습니다.

제 이야기를 듣는 동안 여러분은 여러 가지 생각이 들었을 거예요. 그 생각을 제가 한번 맞혀 볼게요. 먼저 '주민들이 왜 저렇게까지 해야 되나?' 하는 답답함이 있을 거예요. 또 '주민들이 고통받는 것은 알지만 전기 없이 살 수 없는데, 어딘가에는 송전탑이 세워져야 하는 게 아닐까' 하는 생각도 들 거예요. 오늘 제 이야기 속에서 여러분이 이런 의문에 대한 답을 얻어 갔으면 좋겠네요.

2012년 여름에는 어르신들이 많이 쓰러지셨어요. 그래서 송전탑 공사가 중단되었다가 올해 5월부터 재개됐고 지금은 다시 중단된 상태예요. 한여름에 송전탑 공사를 막기 위해 할머니, 할아버지들이 젊은 한전 인부들과 싸우다 쓰러지는 모습이 인터넷이나 언론을 통해 많이 알려지면서 전국적인 화제가 되었기 때문이에요. 어르신들이 정말 전쟁을 치르듯이 물러서지 않고 싸웠으니까요.

지금은 조금 줄었지만 한때 밀양에는 송전탑 설치를 반대하는 농성장이 9개나 있었어요. 어떤 농성장은 산에 있기도 했어요. 산에 있는 농성장을 지키기 위해 어르신들은 매일같이 산을 오르내리셨어요. 얼마나 힘드셨겠어요. 더구나 농사일도 바쁜데 말이죠.

여러분은 이런 상황에 처하지 않길 바랄 거예요. 누구나 그럴 테고요. 이를테면 '나는 시골에 살지 않을 거야'라고 생각할 수도 있겠죠. 맞습니다. 이런 분쟁을 가장 잘 피할 수 있는 곳이 바로 도시예요. 도시가 가장 안전합니다.

제 이야기를 잠깐 하자면요, 저는 송전선로 경과지 주민이 아닙니다. 그냥 밀양 시민일 뿐이에요. 그런데도 이 싸움에 함께하게 된 계기는 한 사건 때문이에요. 2012년 1월 16일, 제가 근무하던 학교에 사표를 제출한 지 3일째 되는 날이었어요. 농사를 가르치는 학교를 만들기 위해 신부님 두 분과 한창 준비를 하고 있을 때였죠. 그날 깡패들이라고 해도 과언이 아닌 한전의 용역들이 밀양시 산외면 보라마을에 있는 이치우 할아버지 형제들의 논에 들이닥쳤어요. 송전탑 공사를 하기 위해서였어요. 이치우 할아버지는 마을 이장을 세 번이나 하셔서 마을에 대한 책임감이 굉장히 강한 분이었어요. 그래서 몇 달 동안 새

© 나눔문화

밀양시 부북면 765kV 송전탑 공사 현장을 지키고 있는 할머니들

주민들은 한전이 송전탑을 세우기 위해 벌목해 놓은 산속 공사 현장에 움막을 짓고 밤낮없이 지켜 왔다.

벽마다 산을 오르면서 송전탑 공사를 막아 오셨어요. 할아버지, 할머니들은 무릎이 안 좋으시잖아요. 얼마나 고생스러우셨겠어요. 그렇게 힘들게 싸우셨는데 오히려 공사장이 더 넓어져서 이제는 이치우 할아버지 형제들이 평생 일궈 온 논으로까지 용역들이 들이닥친 거예요. 이치우 할아버지가 막아서자 손자뻘 되는 용역들은 74세 되신 할아버지한테 차마 입에 담을 수 없는 욕을 했다고 해요. 기를 꺾기 위한 거였겠죠. 젊은 여자 용역들도 할머니들께 욕을 하면서 겁을 주고 빈정거리며 아주 기분 나쁜 말들을 했어요. 도시 사람들이야 그런 욕이 익숙할 수도 있지만, 평생 시골에서 살아오신 어르신들은 그런 욕을 한 번만 들어도 심리적으로 굉장한 충격을 받거든요. 그런 분들께 용역들은 험한 말들을 쏟아 내며 질척대는 논바닥에서 맨몸으로 막아서는 어르신들을 질질 끌어냈습니다. 어르신들은 새벽 5시 반부터 저녁 7시까지 하루 종일 그런 상황을 겪으신 거예요. 70대 노인들이 젊은 용역들을 어떻게 당해 내겠어요. 그런데 저녁 7시쯤 되자 용역들이 "할배, 내일 또 올게요!" 이러면서 갔답니다. 이치우 할아버지께서는 '내일 또 이런 일을 치러야 하는구나' 하고 매우 낙심하셨어요. 그래서 그날 저녁에 혼자 몰래 휘발유를 몸에 붓고 분신자결을 하셨어요. 이치우 할아버지가 마을회관에서 휘발유를 들고 나오시다 이웃들에게 빼앗기고 하는 과정에서 이런 말씀을 하셨다고 합니다. "오늘, 내가 죽어야 이 문제가 해결된다." 어르신께서 돌아가신 것은 남은 사람들이 잘 싸워서 이겨 달라는 뜻이었을 것입니다.

앞서 이야기한 것처럼 이 사건을 계기로 저도 밀양 송전탑 반대 투쟁에 함께하게 되었습니다. 시골에 어르신들만 남아 계시니 실무를 맡을 사람이 없어서 저와 밀양에 사는 몇몇 젊은 일꾼들이 어르신들을 돕기 시작했어요. 저희는 이치우 할아버지의 장례도 못 치르고 정부와 한전 측에 경과지 주민들의 요구안을 관철시키기 위한 싸움을 해나갔습니다. 시기마다 강조되는 지점은 조금씩 달랐지만, 주민들이 그동안 여러 전문가들을 통해 얻은 정보를 바탕으로 정식화한 요구안은 대략 이런 것들이었어요.

- 밀양 송전선로 대신 기존 선로(신양산~동부산, 신울산~신온산 송전선로)와 신고리 핵발전소 우선 연결

- 지중화 3대안(초전도, 밀양 구간 345kV 지중화, 울산~함양 고속도로 지중화) 기술력 검토

- 지중화 대안 검토할 전문가협의체 구성

- 정부와 밀양 주민의 중재 기구 구성

- 전원개발촉진법 즉각 개정

- 에너지 수요 관리 정책 재검토 및 송전선로 지중화 계획 수립

- 신고리 핵발전소 5, 6호기 건설 계획 중단

- 경찰 병력 즉각 철수

이 요구안을 하루라도 빨리 관철시킬 수 있게 열심히 싸워야겠다

고 생각했어요. 그래야 이치우 어르신 장례도 치를 수 있고, 저도 농사학교를 만드는 일을 다시 할 수 있으니까요. 다른 분들도 제게 "당신이 앞장서면 우리도 돕겠다"고 말씀하셨고요. 하지만 우리의 요구안을 관철시키려는 싸움은 순탄치 않았어요.

한전은 경과지 주민들에게 전방위적으로 회유와 압력을 가합니다. 앞장서는 주민들에게는 "당신들 때문에 공사를 못 해서 우리가 손해를 입었다"며 손해배상 소송을 제기합니다. 이 소송은 확정판결이 날 때까지 시간이 꽤 많이 걸립니다. 그래서 한전은 확정판결이 날 때까지 소송당한 주민들의 재산을 가압류해 달라고 법원에 요구해요. 법원은 대체로 그 요구를 받아들이고요. 그렇게 되면 당사자인 주민들은 재판이 끝날 때까지 재산권을 행사할 수 없게 돼요. 그러면 대부분의 주민들은 투쟁을 포기하게 됩니다. 또한 한전은 공사 방해 금지 가처분 소송을 제기하기도 해요. 어떤 사람이 우리 공사를 방해하니 하루에 얼마씩 '간접강제금'을 부과해 달라고 법원에 요구하는 거예요. 법을 앞세우면 굉장한 압박이 되거든요.

한편으로는 자신들이 회유한 몇몇 주민들을 앞장세워 송전탑 설치를 찬성하도록 마을 합의를 유도해요. 한전 내규에 따르면 마을 주민들 중 절반만 도장을 받아 내면 그 마을은 합의가 이루어진 것으로 보거든요. 그러면 당연히 찬성하는 주민들과 반대하는 주민들이 서로 싸우는 구도가 만들어지겠죠. 한전은 이걸 노리는 거예요. 마을 주민들끼리 서로 싸우게 만드는 겁니다. 그러면 마을의 단합이 깨지고 그만큼 주민들의 투쟁 동력도 소진될 테니까요. 주민들 스스로 자포자기하게끔 만드는 거예요. 이런 식으로 송전탑 공사를 할 근거를 만들며 주민들을 굴복시킵니다.

안타깝게도 이치우 할아버지의 장례가 치러진 2012년 3월 7일까지 우리의 요구안은 단 하나도 관철되지 않았어요. 할아버지는 "내가 죽어야 이 문제가 해결된다"는 유언을 남기셨는데 말이죠. 그때 저는 '이 싸움에서 빠져야 하나' 하는 고민을 심각하게 했습니다. 그 두 달 동안 너무 힘들었거든요. 거의 밤잠을 못 잘 정도로 복잡한 상황들이 계속 이어졌어요. 주민들 간 의견도 많이 갈리는 등 일이 잘 안 풀리니까 내부에서도 서로 갈등이 생겨났어요. 그런 일들 치다꺼리를 하다 보니 정신적 고통도 심했고요. 근데 저와 같이 이 싸움을 돕고 있던 밀양 일꾼들이 하나같이 갖고 있는 생각이 있었어요. 우리가 빠지면 제2, 제3의 희생자가 발생할 것 같다는 생각이었어요. 쌍용자동차에서도 2009년 대규모 정리해고가 자행된 뒤에 3년 동안 무려 스물세 분이 자살하셨잖아요. 심리적 고통이 극에 달해 죽음이 도미노처럼 번져간 안타까운 일이에요. 그런데 밀양도 비슷한 상황이었어요. 할머니, 할아버지들의 낙심이 너무 커서 굉장히 무서운 징후 같은 걸 저희가 느낀 거죠.

앞에서 이야기한 것처럼 경과지 주민들은 올해로 장장 8년째 싸우고 계세요. 그러니 송전탑 건설을 막기 위해 그동안 안 해 본 게 없을 정도예요. 단식부터 시작해서 서울 국회와 정부청사 앞 노숙까지 하시면서 열한 번이나 공사를 중단시키며 싸움을 이어 오셨어요. 그러다 결국 할아버지 한 분이 자살하는 일까지 벌어진 거고요. 그런데도 해결이 안 되니까 '결국 안 되는구나' 하는 그런 낙심, 집단적인 우울증 같은 게 어르신들에게 생긴 거예요. 그래서 우리가 빠지면 안 되겠구나 생각했고 주민들과 함께 지금까지 싸우고 있습니다.

· "그냥 요대로 살고 싶다"

아까 이야기한 대로 한전이 주민들의 투쟁을 방해하려고 잘 쓰는 수법 중 하나가 바로 앞장서서 싸우는 주민들에게 손해배상 소송을 거는 거예요. 그런데 그 액수가 너무 컸어요. 세 사람에게 10억 원의 소송을 걸었어요. 가진 재산이라고는 조금 있는 논밭뿐이고 자식들이 보내 주는 용돈과 푸성귀 같은 거 조금 뜯어다 밀양 장날에 나가서 파는 정도가 수입의 전부인 할머니 할아버지들한테요. 또 다른 여덟 명의 주민들에게는 계속 공사를 방해하면 하루에 100만 원씩 과태료를 내게 해 달라고 법원에 가처분신청을 냈어요. 정말 징하죠? 그래서 그분들을 보호하기 위해서 할머니들께 탄원서를 부탁드렸어요. 그때 어르신들이 쓰신 글을 좀 소개해 볼까 해요. 저는 11년을 국어 교사로 근무했고 정말 많은 글들을 읽었지만, 삐뚤삐뚤한 글씨로 당신들의 절절한 목소리를 담은 할머니들의 글처럼 감동적인 글은 처음 봤습니다.

할머니들은 글에서 이구동성으로 같은 말을 하고 계셨어요. 그게 뭐냐면, "오직 요대로 살게 해 달라"였어요. "나는 아무 욕심 없다. 그냥 요대로 살고 싶다"는 얘기였어요. 그중 구덕순 할머니의 탄원서 내용을 한번 읽어 볼게요.

송전탑이 세워지지 않으면 농사만 지으면서 조용히 살고 싶습니다. 이 할매는 욕심 없습니다. 오직 요대로 살다가 죽도록 해 주십시오.

탄원서를 보면 맞춤법도 다 틀리셨어요. 대부분 학교교육을 제대로 받은 적이 없으셔서 그래요. 그래도 할머니들은 송전탑을 반대하는 당신 나름의 분명한 이유를 말씀하고 계세요.

밀양 송전탑 싸움 관련 영상을 보면 고향 산천을 다 망가뜨리는 한전 측에 "느그는 어데 기대서 살래?"라고 꾸짖는 할머니가 계세요. 손희경 할머니인데, 여든이 넘은 연세인데도 국회의사당에서 벌인 송전탑 반대 집회는 물론이고 핵발전소를 반대하는 탈핵희망버스에도 적극적으로 참여하고 계세요. 밀양 송전탑이 핵발전소에서 나온 전기를 도시로 보내기 위해 만들어지고 있다는 사실을 알고 계시거든요. 그래서 손희경 할머니뿐만 아니라 밀양 할머니들은 졸지에 반핵, 탈핵 투사가 되셨어요. 핵발전소 반대와 관련한 집회란 집회는 다 참여하세요. 서울 한전 본사 앞에서 농성할 때도 꼬박꼬박 참여하시고요.

손희경 할머니의 이야기를 좀 더 할게요. 할머니께서 60년 전에 막

시집을 오셨을 때 시아버지께서 부르시더니 직접 꿀물을 한잔 타 주시면서 말씀하셨대요. "위에 형제들은 다 틀린 것 같고 너희 내외가 이 동네를 좀 지켜 다오"라고 말이에요. 이 집안은 7대조 전부터, 그러니까 약 200여 년 넘게 밀양에 터를 잡고 살아오셨다고 해요. 당시 할머니께서는 시아버지 말씀이시니 무심코 "예"라고 대답했는데, 송전탑이 들어온다는 이야기를 듣고서야 시아버지의 말씀이 얼마나 엄중한 당부였는지 알았다고 합니다. 송전탑이 할머니 집안의 선산이 있는 마을 뒤로 지나가게 설계됐기 때문이에요. 손 할머니는 시부모님께서 당신에게 집안 어른들의 묘가 곳곳에 있는 종산과 종답을 맡기고 가셨는데, 송전탑으로 인해 그 땅이 훼손될 걸 생각하니 저승에서 조상들을 뵐 면목이 없으신 거예요. 당신이 돌아가신 뒤에 만나게 될 저승 세계를 미리 걱정하고 계신 거죠. 그게 밤잠을 못 이룰 정도로 너무 괴로우셔서 송전탑 싸움을 하고 계세요. 그런 손 할머니의 마음이 탄원서에 고스란히 담겨 있어요.

송전탑이 들어서면 조상님한테 죄가 되는 짓 같아 죽고 싶은 마음입니다. 우리 땅 우리가 지키는 것이 죄가 됩니까.

그런데 도시에 나가 사는 자식들이 내려와서 할머니께 싸움을 그만두라고 한대요. 그러면 할머니께선 너무 섭섭하고 힘들어서 엉엉 우신대요. 시아버지 영정 사진을 앞에 놓고 혼자서 푸념도 하며 우신대요. 그 모습을 본 자식들은 차마 더 말을 잇지 못하고 돌아간답니다.

여러분들은 "조상님 뵐 낯이 없어서 죽고 싶다"는 말을 잘 이해하지 못할 거예요. 저도 솔직히 잘 이해가 안 됩니다. 제 삶에서 조상은 그렇게 뚜렷한 실감을 가진 존재가 아니거든요. 그렇지만 저는 조상들을 섬기려는 그분들에 대한 존경의 마음이 있어요. 조상에 대한 관념, 내 삶이 누구로부터 이어져 왔고, 나라는 존재는 그 유구한 연쇄의 한 마디에 불과하다는 것은 인간이 아주 오랜 세월 동안 전승해 온 존재론적 사유잖아요. 자식을 낳게 되면 그 자식으로 하여금 자신까지 이어져 온 연쇄의 마디를 또한 이어 가게 하는 거고요. 내가 죽으면 생전에 맺었던 인연, 부모와 가족, 친지들을 만나게 될 것이라 굳게 믿는 것 또한 오랜 세월 동안 인간이 전승해 온 인간관이고 생사관입니다. 할머니들은 조상들이 내 생을 굽어보고 있다는 엄중함으로 자신이 누리고 있는 현생을 살아가고 계신 거예요.

움막에서 밤을 새우며 송전탑을 막는 것은 우리의 자손들이 행복한 고향을 찾을 수 있도록 마을을 지키기 위함입니다.

박순연 할머니가 탄원서에 쓴 내용이에요. 여기서 '우리의 자손'은 누구를 의미할까요? 환경운동에서 이야기하는 미래 세대를 뜻하는 걸까요? 아니에요. 당신 자신의 자손을 이야기하는 것입니다. 박 할머니를 가끔 뵙고 이런저런 이야기를 두런두런 나누는데, 아들 자랑, 딸 자랑, 손주 자랑이 대단하세요. 따님이 대형마트에서 빨래방을 운영하시는데 일을 알차게 잘하고, 어려운 사람들 빨래를 무료로 해 줘서 주변에서 칭찬이 자자하다며 자랑하세요. 그런 자식들과 손주 세대가 지금 도시에서 살고는 있지만 거기서 영구히 살지는 못할 거라고 당신은 생각하시는 거예요. 그래서 이 산천을, 땅을 잘 지켜서 당신 자손에게 물려주고 싶은 겁니다. 그런데 송전탑 때문에 어려워졌잖아요. 이게 이분들에게는 엄청난 좌절이고 고통인 겁니다. 여러분도 이런 심정은 좀 이해가 될 거예요. 저는 정말 마음이 아파요. 이분들이 얼마나 괴로우실까. 환경운동에서 막연하게 이야기하는 '미래 세대에 대한 책임'보다 오히려 이게 더 구체적이고 감동적인 투쟁의 근거가 아닌가요?

지난 5월 20일에는 공사를 재개하려고 한전 사람들과 경찰들 몇천명이 들이닥쳤어요. 포클레인을 앞장세워서 땅을 막 파니까, 이사라 할머니께서 분을 참지 못하고 웃통을 벗어 버렸어요. 그러고 나서 혼절을 해 버리셨어요. 빼빼 마른 80대 할머니께서 얼마나 화가 나셨으면 그러셨겠어요. 그때 저는 밀양송전탑반대대책위 대표인 김준한 신부님하고 다른 공사 현장에서 한전과 대치를 하고 있었는데, 이사라 할머니께서 돌아가셨다는 문자 메시지가 온 거예요. 그 소식을 들은 저희들은 대성통곡을 했어요. 정말 황망한 순간이었죠. 다행히 혼절하셨다 깨어나셔서 해프닝으로 끝났지만 당시 느꼈던 슬픔과 비통함은 정말 이루 말할 수 없었어요.

저는 이사라 할머니를 개인적으로 참 좋아하고 존경해요. 정말 맑

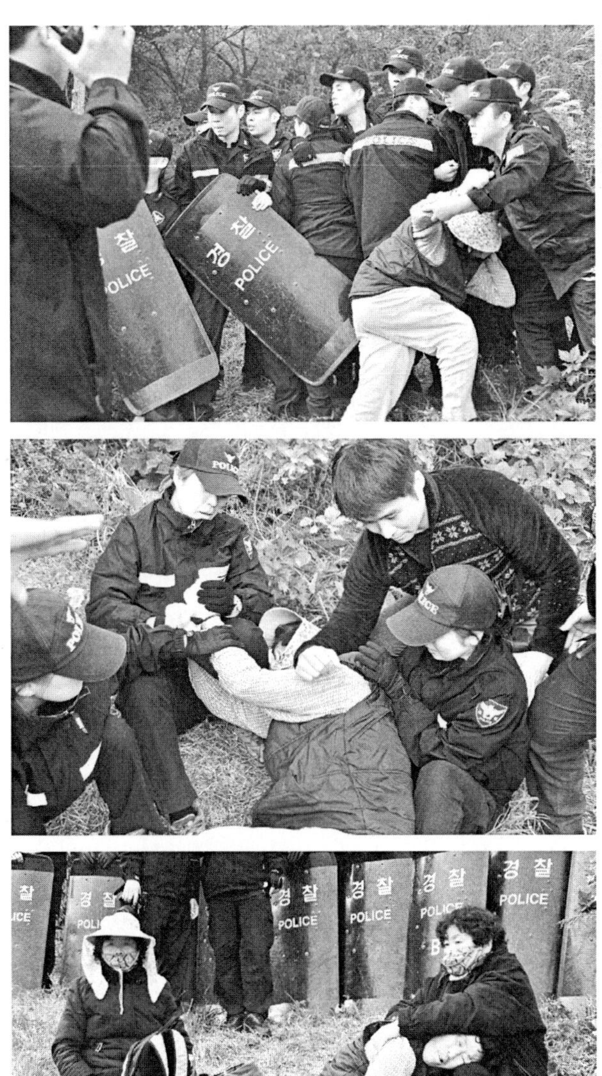

© 밀양송전탑반대대책위

할머니들이 송전탑 공사 현장에 들어가지 못하게 경찰 병력이 막아서고 있다.

은 분이고 일생을 그렇게 살아오셨어요. 할머니는 40대에 바다에서 남편을 잃고 4남매를 홀로 키우셨어요. 그런데 자식들을 다 키우고 나니 50대에 갑자기 몸에 마비가 온 거예요. 그때 의사가 "치료할 수 없으니 경치 좋고 공기 좋은 데서 편히 사시라"고 했대요. 그래서 할머니는 마지막 남은 힘을 내서 여생을 보낼 곳을 찾아 여기저기 돌아다니시다 화악산 자락에 있는 한 마을을 발견하셨대요. 그곳이 바로 지금 살고 계시는 밀양시 부북면 평밭마을인데요, 해발 300m 정도 되는 곳에 위치한 조용한 마을이에요. 이렇게 아무 연고도 없는 밀양의 시골 마을에 들어와 사시던 할머니는 병세가 점점 호전되더니 기적처럼 몸이 다 나으셨대요. 그러니 평밭마을과 화악산에 대한 애정이 얼마나 깊으시겠어요. 할머니는 독실한 가톨릭 신자이신데, '사라'라는 성함도 세례명이에요. 하루는 성당에서 미사를 드리고 집으로 돌아가는데 당신 몸이 너무 가볍고 좋으니까 찬송가를 막 부르면서 산길을 걸으셨대요. 그 내용을 탄원서에도 쓰셨는데 한번 읽어 볼게요.

산기슭 오솔길 먹구름이 한시름 덮여 비가 오면 패인 솔뿌리에 발가락이 치여 아파하며 이 오솔길 10리 길을 다니면서 살았습니다. (……) 이게 웬 날벼락입니까. 이 푸른 숲으로 녹색이 꽉 찬 이 유명한 화악산에 765 송전탑이 웬 말입니까.

저는 이 글을 읽으면서 두 가지에 대해 안타까운 마음이 들었어요.

하나는 화악산과 평밭마을을 지키고 싶은 할머니의 절절한 심정이 안타까웠고, 다른 하나는 당신이 사랑하는 화악산의 자연을 찬양하고 싶은데 글로는 잘 표현할 수 없는 답답함이 안타까웠어요.

소쉬르라는 언어학자는 기호 표현significant과 기호 의미signifie에 대해 이야기했어요. 흔히 기표와 기의라고 하는데요, 보통 잘 쓴 글이라고 하면 표현하고 싶은 마음(기의)과 언어적 표현(기표)이 가까워야 해요. 그런데 할머니는 당신의 생명을 소생시켜 준 화악산의 자연과 그 경이를 드러내고 싶은데 표현할 수 있는 말이 너무 부족한 거예요. 담고 싶은 마음은 정말 큰데 "이 푸른 숲으로 녹색이 꽉 찬"이라고밖에 표현할 길이 없어요. 그 표현이 너무 소박해서 읽는 이들을 안타깝게 합니다.

이렇게 화악산을 사랑하시는데, 할머니의 집 150m 앞에 거대한 송전탑이 들어서게 된다니 얼마나 깜짝 놀라셨겠어요. 그래서 할머니는 글을 마치며 "내 눈에 흙이 들어와도 철탑은 안 됩니다"라고 당신의 비장한 각오를 내비치셨어요.

여러분 '지금 이대로'라는 말을 어떻게 생각하세요? 여러분은 지금 이대로 사는 거 원치 않으시죠? 저도 원치 않습니다. 우리나라뿐 아니라 근대 세계의 인간들은 기본적으로 '진보'에 대한 믿음이 있어요. 지금 이대로는 안 된다는 거죠. 오늘보단 더 나은 내일이어야 하고, 내일보단 더 나은 모레가 되어야 한다는 기대인 거죠. 그래서 정치 지도자들은 유권자들에게 지금보다 더 잘살게 해 주겠다는 그런 믿음을 맨

날 이야기해요. 그게 각종 지역 개발 사업이 추구하는 미래예요. 그러나 이반 일리치라는 사상가는 다른 이야기를 했어요. 전 세계의 토착민중들의 삶에서 공통적으로 발견되는 것이 있는데 그 요체가 바로 '지금 이대로'라는 거예요. 이건 근대적인 진보사관하고 다르다는 거죠. 유구하게 내려온 삶의 방식, '자급자족'이라고도 하고 '근근이 살아간다'는 표현으로도 해석해요. 비록 근대적 맥락에서는 결핍이 넘쳐나지만, 이웃들과 의지하고 나누며 살아가는 삶의 방식, 더 나은 미래에 현혹되지 않고 지금 여기서 누리고 있는 삶의 평화를 지키고 대물림해 주는 삶의 방식이 바로 토착 민중들의 삶에서 공통적으로 발견된다는 거죠. 그 욕망의 표현이 바로 '지금 이대로'라는 것이에요.

그런데, 저는 이반 일리치의 책에서 보던 이 이야기를 할머니들의 글에서 발견했어요. 앞에서도 이야기했지만, 주민들이 마치 약속이나 한 듯이 "지금 이대로 평화롭게 살게 해 달라"라고 말씀하시는 것이 굉장히 놀라웠습니다. "보상도 필요 없다, 우리는 돈 바라고 싸우는 게 아니다, 지금 이대로 살던 대로 살게 해 달라." 이것이 밀양 송전탑 반대 투쟁을 지탱하는 정신적 가치의 핵심이라고 저는 생각합니다.

• 삶의 터전을 강탈당한 사람들

밀양 사람들은 왜 이렇게 오래 싸우는 걸까요? 일단 피해가 너무 큰 게 가장 큰 이유입니다. 다른 지역은 송전선로가 어떻게든 산으로 산으로 가는데 밀양 지역은 논 한가운데를 가로지르고 학교와 기차역을 관통하고, 마을 뒤를 병풍처럼 두르면서 지나가요. 넓게 잡으면 1만여 명, 좁게 잡으면 3,700여 명 정도가 송전탑과 1km 거리를 두고 생활해야 합니다.

그런데 이 765kV 송전탑은요, 우리가 보통 보는 송전탑과 달라요. 탑신이 100m 정도 되는 엄청나게 큰 철탑이에요. 보통 건물 한 층이 2.5m 정도니까 한 40층 정도 되는 빌딩 크기인 거예요. 그만큼 송전되는 전류의 양도 상상할 수 없을 만큼 많고요. 부산에도 기장이나 화명 쪽에 송전탑이 많이 서 있어요. 이들 송전탑은 보통 154kV인데 밀양에 들어서는 송전탑은 765kV예요. 산술적으로 765는 154의 5배 정도 되는데 송전되는 전류는 거의 18배에 달한다고 합니다. 쉽게 말하자면, 우리가 흔히 보는 송전탑인 154를 2차선 도로라고 하면 765는 36차선 도로인 셈이에요. 여러분은 36차선 도로 보신 적 있나요? 상상이 잘 안 되죠? 그럴 거예요. 765kV라는 전압은 장마철에 내리치는 벼락보다 더 높은 전압이에요. 그래서 해외에서 시공되는 765kV 송전선은 철탑 중간에 1회선만 걸어요. 우리나라처럼 철탑 좌우에 2회선을 걸면, 한쪽이 벼락을 맞았을 때 다른 쪽도 같이 끊어져 버리거든요. 그 정도로 고압이에요. 실제로 감사원에서도 당진 화력발전소에서 나오는 우리나라 최초의 765kV 송전선을 두고 한쪽 회선에서 낙뢰 사고가 발생하면 양쪽이 다 끊어져 버리기 때문에 수도권 150만 가구에

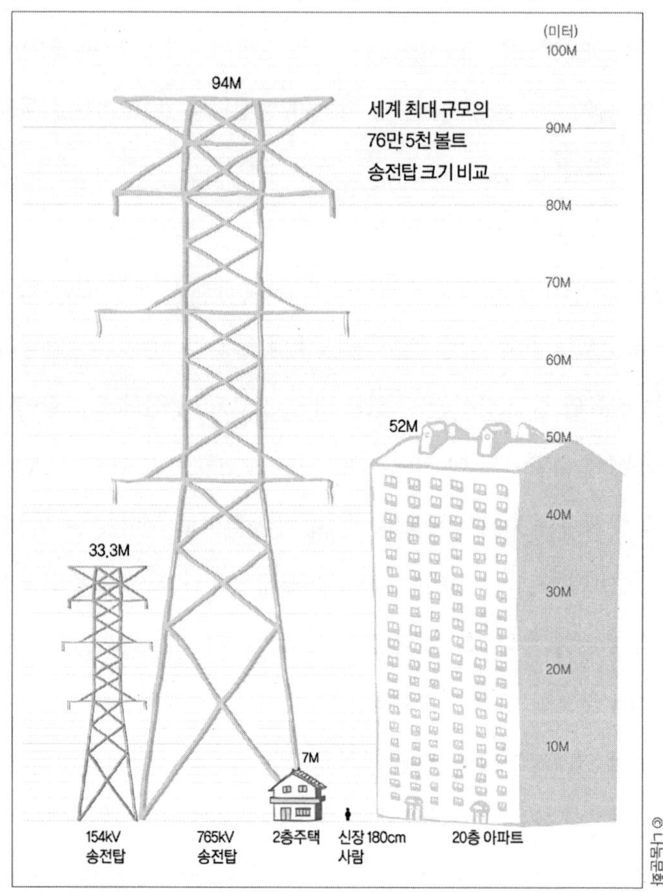

765kV 송전탑은 높이 100m, 무게 200t 정도로 건설되며 지형 조건에 따라 차이를 보인다.

2014년 1월 15일 완공한 밀양시 단장면 고례리 88번 송전탑은 높이 116m, 무게 189t에 이른다.

광역 정전blackout이 일어날 수 있으니 보완책을 마련하라는 권고를 했어요.

그러니 전자파 문제는 또 얼마나 심각하겠어요. 송전선은 전계와 자계가 함께 흐르는데 인체에 유해한 것은 자계입니다. 눈에 보이지 않아서 그렇지 전자파가 인간과 자연에 미치는 피해는 이루 말할 수 없이 심각해요. 이곳저곳에서 송전선 전자파와 암癌의 뚜렷한 상관관계가 밝혀지고 있습니다. 그리고, 소음 문제가 있어요. 충남 당진에 들어선 우리나라 최초의 765kV 송전탑 인근 마을 주민들의 증언을 들어 보면 소음 문제가 얼마나 심각한지 알 수 있어요. 주민들의 증언에 따르면 "지글지글", "끼익끼익" 하는 소리가 일상적으로 들린다고 해요. 특히 비가 오거나 흐린 날에는 그 소리가 더 커져서 잠을 못 잘 정도라고 하고요. 주민들은 신경을 갉아먹는 그 소리 때문에 병이 들어 고생하고 계세요. 이런 문제를 한전이 예측하지 못했을까요? 그들은 순박한 시골 분들에게 마치 전봇대 하나 더 생기는 것처럼 이야기하고, 관광을 보내 주고, 그렇게 환심을 사서 공사를 진행했어요. 그런데 막상 공사를 시작하고 보니 엄청나게 큰 철탑이 들어선 거예요. 주민들은 다 한전에 속았다고 말씀하세요.

또 다른 문제는 한전의 현실성 없는 보상입니다. 제가 이 일을 하면서 경과지 주민들의 증언을 좀 들어 보려고 할아버지, 할머니들을 참 많이 만났어요. 그러면서 알게 된 게 바로 농민들에게 논밭은 땅 이상의 의미를 갖고 있다는 사실이에요. 돈으로 교환할 수 있는 재산의 의미를 넘어선 것이었어요. 자신의 평생을 바쳐 일궈 온 삶 그 자체이기 때문이에요. 우리나라의 지난 농업 정책은 한마디로 '살농殺農'이라고 표현할 수밖에 없어요. 농업을 죽이는 정책이었잖아요. 그걸 다 견디면서 한평생 일구어 온 분신과도 같은 재산입니다.

시작할 때 이야기했던 이치우 할아버지 삼형제 이야기를 좀 할게요. 이 형제분들이 논밭을 만드는 과정은 정말 눈물겨웠어요. 이치우 할아버지의 첫째 동생 이야기예요. 올해 74세이신 할아버지는 키가 자그마하세요. 농사일을 거든다고 여섯 살 때부터 소를 먹이기 위해 온 산을 올라 다니셨대요. 겨울에는 먹을 게 없으니까 가을걷이가 끝난 밭을 부지런히 돌아다니면서 지게에 시래기를 모았고요. 그렇게 모은 시래기도 오래 먹기 위해 조금씩 죽을 끓여 먹었대요. 또 마을에 둑이 있는데 지금은 그런 제방은 지방자치단체가 예산을 들여서 해 주지만 예전에는 마을에서 자체적으로 알아서 건설해야 했답니다. 할아버지는 둑을 만들 당시에 사역에 동원됐다고 해요. 학교 다니는 친구들은 다 빼 주는데 학교 다닐 형편이 못 되었던 할아버지는 동원된 거지요. 그래서 어린 시절 할아버지의 잠방이는 흙탕물이 빠질 새가 없었대요. 할아버지가 밀양 시내에 장 보러 나가면 옷차림만 보고서도 사람들이 "어, 저 보라마을 놈이구먼" 하며 뒤에서 비아냥거리곤 했답니다. 그렇게 힘들게 일하고 멸시받으면서 농사지어서 일군 논이었어요. 그 논에 송전탑이 세워지게 된 거예요.

현행 전기사업법상으로는 154kV든 345kV든, 765kV든 송전탑 부지에만 감정가의 100%를 보상해 주고, 송전선 바로 아래와 좌우 3m까지는 지상권을 장기 임대하는 방식으로 감정가의 15~20%를 보상해 줍니다. 좌우 3m만 벗어나면 보상이 아예 없어요. 하지만 농토 위로 송전탑이 세워지고 송전선로가 지나가게 되면 그 논은 팔리지도 않고 765kV 아래는 전압이 워낙 높아서 농사도 지을 수 없어요. 앞서 말한 것처럼 765kV 송전탑은 벼락보다 더 전압이 높을 정도로 고압이라서 송전선에 피복을 할 수도 없어요. 생짜 전선에 그 초고압 전류가 흐르니 비가 내리면 송전선에 맺혀 있던 뜨거운 빗방울이 떨어져 그 밑에 있는 작물들은 다 죽어 버립니다. 이 사실은 한전도 인정하는 바인데도 제대로 된 보상을 하지 않고 있어요. 그래서 이치우 할아버지의 첫째 동생의 논은 시가 4억 5,000만 원이었는데 7,200만 원을, 막내 동생의 논은 시가 1억 5,000만 원인데 1,500만 원을 보상액으로 책정받은 거예요. 돌아가신 이치우 할아버지 땅은 9,000만 원짜리였는데 보상금이 한 푼도 안 나왔고요. 이 땅을 다 합치면 시가 6억 9,000만 원인데 보상금은 고작 8,700만 원밖에 안 나온 거예요. 더 이상 농사를 지을 수도 없고 팔리지도 않는 땅으로 만들어 놓고 말이에요. 여러분들이라면 6억 9,000만 원짜리 아파트가 순식간에 8,700만 원으로 떨어졌는데 받아들일 수 있겠어요? 아무도 받아들일 수 없을 거예요. 도시에서 이런 일을 벌였다면 아마 폭동이 일어났을 겁니다.

한전이나 정부, 여당이 밀양 송전탑 사태를 겪으면서 보상법을 새로 만들긴 했어요. 이른바 '송변전 시설 주변 지역 지원법', 줄여서 '송주법'이라고 부르는데, 밀양 송전탑 사태를 계기로 만들어져서 처음에는 '밀양법'이라고 불렀어요. 보상 체제가 약간 개선이 되어서 765kV 송전탑의 경우에는 보상 범위가 좌우 3m에서 좌우 33m로 조금 넓어졌고, 송전선 좌우 180m 안에 민가가 있으면 매수청구권을 부여해요. 땅과 집을 사 주겠다는 거예요. 그리고 송전선 좌우 1km 이내에 있는 마을들에는 매년 3,000만 원씩의 마을 보상금을 주기로 했어요. 그런데, 이 정도 보상이 주민들이 입는 재산상의 피해를 상쇄할 수 있을까요? 그럼 34m에 위치한 논은 어떡하죠? 190m 지점에 있는 주택은요? 피해는 별반 차이가 없지만 한 푼도 못 받고 꼼짝없이 살아야 해요. 1km를 벗어나는 마을도 보상금이 한 푼도 들어오질 않잖아요. 결국 이 법이 송전탑 피해를 보상하기 위해서가 아니라 주민들의 반발을 잠재우고 송전탑을 더 많이 효과적으로 꽂기 위해서 만들어졌다는 건 누구나 알 수 있죠.

중요한 건, 이렇게 돈 조금 쥐어 주고 온 산천에 송전탑을 꽂는 방식은 이미 시효가 다했다는 거예요. 그렇지만 정부와 한전은 이런 패러다임을 변환할 생각을 하지 않고 있어요. 왜 그럴까요? 여기에는 개발 독재부터 이어진 유구한 전력 산업의 기형적인 구조가 있어요.

우리나라처럼 전기 요금이 싼 나라는 흔치 않습니다. 밀양 송전탑 사태를 계기로 좀 알려지기도 했는데, 한전은 매년 굉장한 적자를 뒤집어쓰고 있어요. 전체 전력의 54%를 차지하는 산업용 전기가 원가 이하로 공급되기 때문이에요. 주로 대기업들, 이를테면 포스코에서 철광석을 녹이는 고로라든지, 엄청난 전기를 쓰는 PDP 텔레비전 생산 공장이라든지, 배를 만드는 조선소라든지 이런 데는 전기를 엄청나게 쓰거든요. 이런 산업용 전기가 원가 이하로 공급되고 있는 거예요. 원가 이하의 전기라는 게 이해가 되세요? 한전은 바보 같은 일을 하고 있어요. 팔면 팔수록 손해가 커지는 장사를 지금껏 해 왔어요. 수출 대기업들의 가격 경쟁력을 위해서 봉사한 거예요. 그러다 보니 한전의 적자가 눈덩이처럼 불어났어요. 결국 한전은 송·배전 시스템을 개선하고 싶어도 할 수 없는 거예요. 밀양처럼 주민들이 목숨을 걸고 저항하는 곳에서는 송전선을 땅에 묻는 지중화 방식을 채택하는 것이 향후 지속가능한 송배전 시스템을 위해서도 필요하지만, 그렇게 할 수가 없는 거죠. 지중화하면 돈이 너무 많이 드니까요. 결국 기존 방식대로 500~1,000m 거리마다 철탑을 툭툭 꽂아 놓고 헬기로 전선을 거는 제일 저렴한 방식을 고집할 수밖에 없는 거예요. 물론 정부도 제2차 국가에너지기본계획(2013)이라는 에너지 관련 최상위 국가 계획을 세워 전기 수요지에서 직접 소규모의 발전으로 그 수요를 충당하는 '분산형 전원'을 공론화하게 되었어요. 밀양 송전탑 사태를 계기로 '대용량 발전과 장거리 송전' 시스템이 한계에 다다랐다는 것을 새삼 실감한 거죠. 그렇지만, 아직까진 말뿐인 것 같아요.

어쨌든, 지난 30여 년 동안 한전은 이런 식으로 전국에 송전탑을 설치해 왔습니다. 사실상 대기업들의 가격 경쟁력을 위해서 힘없는 국민들의 재산을 강탈하고 엄청난 피해를 입혀 오면서 말이에요. 전자파와 소음으로 몸이 병드는 땅, 재산권 행사가 정지된 땅, 농사도 지을 수 없는 땅에서 누가 어떻게 살 수 있겠어요.

• 무소불위의 전원개발촉진법

이런 모든 상황들이, 우리의 상식으로는 전혀 이해할 수 없지만, 모두 합법이에요. 박정희 대통령 시절인 1978년에 만들어진 전원개발촉진법 때문이죠. 1977년은 우리나라 최초 핵발전소인 고리 핵발전소가 준공되던 해입니다. 이제 느낌이 좀 오나요? 핵발전소를 계속 짓고, 송전선로를 깔기 위해서 이런 법이 생긴 거예요. 실제로 이 법이 제정되고 난 뒤 고리, 월성, 영광, 울진 등 곳곳에 핵발전소가 우후죽순 준공되기 시작했어요. 이런 식이에요.

국가가 핵발전소와 변전소를 건설하기에 적합한 부지를 정해요. 그러고 나서 발전소와 변전소를 잇는 선을 주욱 그어 송전탑을 설치할 포인트를 잡아요. 그러면 발전소 부지든 변전소 부지든 송전탑 부지든 해당 부지의 땅을 강제로 수용할 수 있어요. 물론 주민들의 동의는 필요치 않고요. 의견을 묻는 절차가 있지만 요식행위에 불과합니다.

한전은 일단 반대하는 주민들에게 보상금을 받아 가라며 '협의 과정'이라고 이름 붙인 몇 차례 '통보 절차'를 거칩니다. 주민들은 당연히 받아 가지 않죠. 그러면 그 보상금을 법원에 공탁금으로 걸어 놓아요.

법원이 공탁을 받아들이는 순간 법적으로 그 땅은 모두 한전의 소유가 됩니다. 정말 어처구니없지 않아요? 이때 요식행위처럼 법원에서 주민들에게 계고장을 보내 앞서 진행된 과정을 확인받는 절차를 갖습니다. '채무자 ○○○는 ○월 ○일 ○시까지 법원으로 나오세요'라는 편지 내용으로 알 수 있어요. 계고장에 '채권자 한국전력, 채무자 ○○○' 이렇게 찍혀서 나오는 거예요. 그러면 할아버지, 할머니들은 엄청난 충격을 받아요. '아니, 내가 왜 채무자가 되고 한전이 채권자가 되는 거지?' 그렇게 평생 일궈 온 땅을 잃는 거예요.

도시 생활자들은 봉급이 있고 퇴직 후에도 연금이라는 현금 소득이 있어서 그럭저럭 살 수 있어요. 하지만 이 어르신들은 자식을 결혼시키거나 공부시키기 위해, 또 농사에 필요한 자재를 사기 위해 그 땅을 담보로 대출을 받아야 해요. 앞에서 이야기한 이치우 어르신의 첫째 동생분도 마찬가지였어요. 농협에 대출을 신청하러 갔는데 반려된 거예요. "본 건 담보물은 765kV 송전선로가 지나가는 토지로 현재 상황으로는 담보대출을 반려합니다"라는 게 농협 측의 답변이었어요. 사실상 담보대출이 불가능하다는 말이에요. 이게 말이나 됩니까?

여러분, 국사 시간에 일제 때 있었다는 동양척식주식회사에 대해 배웠나요? 토지 소유주가 신고돼 있지 않은 땅은 일제가 다 빼앗아 갔잖아요. 그런데, 전원개발촉진법도 별반 다르지 않아요. 여기서 전원電源이란 전기의 원천을 뜻하는데요, 이 법에 따르면 사업자인 한전이 전원개발사업 실시 계획을 수립하여 산업통상자원부 장관의 승인만 받으면, 19개의 다른 법령(국토의 계획 및 이용에 관한 법률, 도로법, 사도법, 하천법 등)에서 다루는 인·허가를 전부 거쳤다고 인정받게 돼요. 지방 자치단체나 주민의 의견을 반영하지 않고도 일방적으로 사업을 진행할 수 있는 거예요. 전원개발촉진법 6조 1항에 그렇게 명시되어 있어요. 또 전원개발사업에 필요한 토지 등을 수용하거나 사용할 수 있고, 타인의 토지에 출입하는 행위와 타인의 토지를 일시 사용하는 행위, 나무, 흙, 돌이나 그 밖의 장애물을 변경하거나 제거하는 행위가 가능해요. 사실상 강제수용이 가능한 거죠. 그야말로 무소불위의 법입니다. 이건 위헌이죠. 헌법은 국가가 국민의 사유재산을 보호하게 되어 있어요. 그래서 저희도 헌법소원을 내기 위해서 저희를 도와주는 변호사들을 찾아갔어요. 그런데 "각하却下될 가능성이 높다"라는 자문을 받았어요. 그 이유가 무엇인지 아세요? 위헌 판결을 내리게 되면 전원개발촉진법과 비슷한 얼개를 갖고 있는 국책사업을 규정한 법령들이 모두 동시에 엎어진다는 거예요. 그렇기 때문에 국책사업을 진행할 때 토지 소유자가 거부하더라도 개발을 진행할 수 있게 하는 이런 조항들을 국가가 스스로 부정하기 어려울 거라는 겁니다. 이 악惡도 있고 저 악도 있는데, 이 악들 중 어떤 한 놈만 무너뜨려도 같이 와르르 무너지기 때문에 이 악들이 서로 어깨를 견고하게 겯고 연대의 힘으로 막고 있는 거예요. 헌법재판소조차도 헌법을 지키거나 국민들의 권리를 보호해 주지 않고요.

그런데 이런 내막을 잘 모르는 네티즌들은 경과지 주민들을 가리켜 '님비NIMBY'라고 말하죠. 학교가 참 나쁜 걸 가르쳤어요. 누구나 잘못된 국가 정책으로 인해 피해를 입게 된다면 저항할 권리가 있어요. 그렇지 않습니까? 그걸 가리켜 'Not In My BackYard'라고 하면 안 되잖아요. "너희는 전기 안 쓰냐?"라고 비난하는 사람들도 있어요. 어르신들이 전기를 얼마나 쓴다고 말이죠. 시골 할머니, 할아버지들은 밤 9시만 되면 TV 끄고 주무시는 분들이에요. 이런 비난들 때문에 저희가 어르신들 댁의 전기료를 조사해 봤어요. 할머니들의 한 달 전기 요금이 얼마일까요? 8,000원에서 1만 원 정도였어요. 기본요금에서 조금 더 나오는 수준이에요. 위험과 피해를 감당해야 한다면 그걸 이용하는 비율만큼 공평하게 나누어야 하는 게 이치잖아요. 그런데 그렇지 않아요. 전기를 가장 적게 쓰는 분들이 정의롭지 못하고 잘못된 법으로 인해 이런 고통을 감당하고 있는 거예요. 너무 잔인하죠.

• 법 위에 군림하는 한전

우리나라 법이 정말 무섭습니다. 이 중에도 법관의 꿈을 꾸고 있는 사람들이 있을 텐데요, 한번 잘 생각해 보세요. 법이 정말 사회 정의를 바로 세우는 역할을 하고 있는지 말이에요.

2011년 11월, 그러니까 이치우 할아버지가 분신하시기 전, 밀양의 싸움이 전국적으로 알려지기 전에는 공사 현장에서 험한 일들이 정말 많았어요. 산외면 괴곡마을이라는 곳에 한 암자를 운영하는 비구니 스님이 계시는데 이분이 할머니들을 대신해 앞장서서 싸우니까 기를 죽이려고 한전 직원들이 아주 잔인하게 짓밟았어요. 영상 자료도 있는데요, 한전 직원 한 명과 공사 감리를 보는 사람이 스님의 음부를 주먹으로 때렸어요. 그리고 "찢어 죽이겠다"는 폭언도 서슴지 않았습니다. 그 일로 폭력을 행사한 그들을 고소했는데요, 검찰은 '강간 의사가 없었다'는 이유로 성폭행과 관련해서는 '혐의 없음' 처분했고, 폭행, 모욕에 대해 벌금을 과하는 약식 명령만 내리고 끝냈어요. 정식으로 기소하지도 않았어요. 스님은 육체적 고통은 물론이고 정신적 고통도 극심해 정신과 치료를 받아야 했는데도 말이에요. 피해자에게 정말 잔인한 결과이지 않나요? 이게 우리나라 법이에요.

송전탑 공사는 산에서 많이 이뤄지기 때문에 포클레인도 분해를 해서 헬기에 메달아 산꼭대기에 내려놓습니다. 탑신에 들어가는 자재들도 마찬가지고요. 하늘 높이 나는 헬기이다 보니 주민들이 어떻게 손을 쓸 수도 없어요. 더구나 하루에도 수십 차례씩 마을을 가로지르며 날아다니면 그 소리도 아주 크고 공사가 급속히 진행되기 때문에 주민들은 심리적으로 굉장한 위압감을 느끼게 돼요. 그래서 주민들이 헬기장에서 밤을 새면서 공사 장비를 실은 차량이 출입하지 못하도록 막아서거나, 헬기가 이륙하지 못하도록 동체를 붙잡기도 했어요. 그렇게 주민들이 안간힘을 써도 헬기를 띄우니까 현직 밀양시의원 한 분이 헬기를 못 뜨게 하려고 현장사무소로 뛰어 들어갔어요. 그러자 현장사무소 직원들 열댓 명이 몰려들어 여성인 시의원을 땅바닥에 쓰러 뜨리고 팔을 비트는 등 1시간여 동안 못 움직이게 위에서 누르고 있었 어요. 이분은 그날 어깨 인대가 끊어지는 중상을 입었고, 입원 치료를 받아야 했어요. 퇴원 후에도 몇 달 동안을 병원에 다니면서 치료를 받 았고요. 현직 시의원에게도 이럴 수 있다니 믿어지세요?

• 밀양 송전탑에 걸려 있는 엄청난 금전과 위험의 파노라마

여러분 영화 〈해운대〉 봤어요? 영화에서 해운대로 쓰나미가 몰려오 잖아요. 그런데, 저는 이 영화가 중요한 사실을 간과했다고 생각해요. 뭐 의도적으로 그랬든 몰라서 그랬든 말이죠. 해운대에서 5km 정도 떨어진 기장군에 고리 핵발전소가 있어요. 만약 영화에서처럼 쓰나미 가 온다면 해운대 앞바다에만 올까요? 당연히 기장 고리에도 덮치죠. 지금 고리에는 고리 1호기, 2호기, 3호기, 4호기와 신고리 1호기, 2호 기까지 6기의 핵발전소가 가동 중입니다. 신고리 3호기와 4호기는 제 어케이블이라는 핵심 부품의 성적서가 위조된 것 때문에 새로 설치하 느라 완공이 지연되고 있지만, 어쨌든 거의 다 만들었어요. 앞으로 신 고리 5호기와 6호기를 증설할 예정이고요. 이렇게 고리에는 8기의 핵 발전소와 추가될 2기까지 해서 총 10기의 핵발전소가 들어서게 될 거 예요.

여러분, 후쿠시마 제1원전에 핵발전소가 몇 기나 있는지 아시나요? 모두 6기예요. 2011년 지진과 쓰나미로 폭발해 아직까지도 엄청난 양의 방사능을 내뿜고 있는 제1원전의 1호기, 2호기, 3호기, 4호기 외에 당시 가동하지 않고 있던 5호기와 6호기도 있어요. 지금은 모두 폐쇄됐지만, 방사능 오염수가 하루에 100t씩 나와 태평양이 다 오염되게 생겼어요. 그 옆에 후쿠시마 제2원전에도 4기의 핵발전소가 있고 역시 가동하지 않고 있어요. 이처럼 후쿠시마는 핵발전소 밀집도가 세계 최고였어요. 그런데 지금은 모두 가동 중지 상태라서 이제 고리 지역이 단일 핵발전소 규모로는 세계 최대가 됐어요. 만약 영화 〈해운대〉에서처럼 부산에 쓰나미가 몰아치면 도시가 물에 잠기는 정도가 아니라 아주 절단 날 거예요. 이 나라 전체가 끝나는 거죠. 정말 무서운 일이에요.

더구나 핵발전소에서 나오는 방사성폐기물은 적게는 수백 년부터 많게는 수십만 년까지 외부와 격리시킨 채 보관해야 합니다. 하지만 전 세계에 '사용후핵연료nuclear fuel'와 같은 고준위방사성폐기물을 보관하는 곳은 아직 한 곳도 없습니다. 믿기지 않겠지만, 사실이에요. 현재 인류의 과학기술로는 방사성폐기물을 처리할 수도 보관할 수도 없어요. 불가능한 일입니다. 그래서 핵발전소 바로 옆에 임시저장소를 마련해 쌓아 두거나 중간처리시설에 임시 보관하고 있어요. 먹고 똥을 누긴 누는데 처리할 데가 없으니 한곳에 임시로 쌓아 둔 거죠. 그래서 다카기 진자부로라는 일본의 저명한 반핵운동가는 핵발전소를 두고

'화장실이 없는 맨션아파트'라는 표현을 썼어요.

핵발전은 싼 값에 전기를 생산할 수 있다고들 하는데 방사성폐기물 보관 비용을 계산하면 우리가 생각하는 것처럼 그렇게 싼 에너지가 아니에요. 만약 사고라도 나면 비싼 값을 치르는 정도로 끝나지 않아요. 나라가 곧장 망할 수도 있어요. 우리는 후쿠시마 1호기가 가동된 지 41년 되는 해에 사고가 났다는 사실에 주목해야 돼요. 지금 고리 1호기가 36년째 가동 중이에요. 5년만 더 있으면 후쿠시마하고 똑같은 시기가 되는 겁니다.

더 놀라운 사실은 고리 2, 3, 4호기는 설계 수명이 40년이라는 거예요. 2025년이 되면 고리 1~4호기는 전부 설계 수명이 종료됩니다. 만약에 2025년까지 고리 1~4호기가 설계 수명대로 종료되면, 고리 지역 10기 중에서 4기가 가동 중단되는 것이니, 밀양 765kV 송전선 같은 초고압 송전선은 필요하지 않습니다. 상황이 이런데도 저들은 왜 굳이 이 사업을 진행하려는 걸까요? 핵발전소의 설계 수명을 무시하고 더 가동시킬 계획이 있기 때문입니다. 무섭지 않아요? 그만큼 밀양 송전탑에는 굉장한 돈이 걸려 있습니다. 고리 1~4호기를 연장 가동했을 때 저들이 얻을 수 있는 이익은 엄청날 겁니다. 전기를 팔 수도 있고, 매년 1기당 수천억 원이 들어가는 핵발전소 관리 비용을 붙잡아둘 수도 있겠죠.

이명박 정권 때 아랍에미레이트UAE에 수출한 22조 원짜리 핵발전소 4기가 신고리 3~4호기와 똑같은 기종입니다. 이명박 대통령은 정말 대단한 사람이에요. 완성된 모델 없이 설계도만 갖고 핵발전소를 팔았어요. 다만 신고리 3~4호기를 2015년 9월까지 무슨 일이 있어도 완공하고 송전선까지 연결해서 완전무결하게 가동해 보여야 해요. 그렇지 않으면 페널티를 물어야 한답니다. 더구나 국가 간의 약속이기 때문에 수출 신인도에도 영향을 미치게 돼요. 신고리 3~4호기인 APR-1400 모델은 순수 국내 기술로 개발된 가압경수로형 원자로입니다. 이걸 앞으로 다른 나라에도 계속 팔아야겠죠. 그런데 첫 번째 수출국인 아랍에미레이트와의 거래에서 고작 송전탑 몇 개를 못 꽂아서 페널티를 물었다고 하면 수출 신인도에 큰 타격을 입을 겁니다. 저들은 이걸 가장 크게 두려워하고 있는지도 몰라요. 그리고 밀양 송전탑을 짓지 않으면 신고리 5·6호기를 만들어도 전력을 보낼 수가 없어요. 다른 말로, 밀양 송전탑이 있어야 신고리 5·6호기를 건설할 수 있는 거예요. 신규 핵발전소 1기를 지으려면 5조 원가량의 돈이 든다고 해요. 밀양 송전탑을 세우고 말고 하는 일에 수십조 원의 천문학적인 돈이 걸려 있는 겁니다. 그러니 저들이 밀양 송전탑을 반대하는 주민 수백 명을 제압하기 위해 9개월 동안 연인원 38만 명의 경찰 병력을 동원하고, 주둔 비용으로만 100억 원가량을 쓸 수 있는 겁니다.

• **밀양의 눈물을 기억해 주세요**

이렇게 전기는 어마어마한 부조리와 할아버지 할머니들의 피눈물을 딛고서 흐르고 있어요. 그런데도 전기 없이 단 한순간도 살 수 없는 우리는 그냥 스위치만 올리면 되고, 버튼만 누르면 돌아가는 체제 속에서 아무 생각 없이, 아무 일 없다는 듯이 살아가고 있어요.

우리는 허공을 바라보느라, 저 높은 곳을 바라보느라 우리가 발 딛고 서 있는 곳을 잊어버리는 경향이 있어요. 저 자신이 이 싸움의 과정을 통해 깨달은 것입니다. 내 발밑에 누가 깔려 있는지를 볼 줄 아는 사람이 되어야 합니다. 아마도 우리의 발밑에는 무수한 존재들이 깔려 있을 겁니다. 그걸 잊지 않아야 합니다.

우리가 자랑하는 이 고도 소비사회, 삼성전자의 휴대폰을 자랑하고, 현대·기아차의 자동차를 자랑하는 이 대한민국이 실은 언제라도 허물어질 수 있는 모래성 같은 나라일 수도 있습니다. 무엇보다 윤리적으로 망가진 나라입니다. 너무 많은 부조리와 그로 인한 고통들을 공권력으로 억누르고 막으며 겨우겨우 지탱하는 나라예요. 이처럼 우리가 선 자리가 얼마나 위태로운 곳인지 알았으면 좋겠어요.

긴 이야기 들어 주느라 고생들 많았습니다. 더불어 밀양 주민들, 할머니 할아버지들의 눈물을 기억하는 여러분이 되길 바랍니다.

© 밀양송전탑반대대책위

• 밀양 송전탑 반대 투쟁 그 후 이야기

본 강연을 마치고 두 달 후인 2013년 10월, 한전은 밀양 구간 송전탑 공사를 재개했습니다. 공사 현장은 매일 3,000여 명의 경찰 병력이 동원되어 강력한 물리력의 보호를 받았고, 그렇게 한 기 두 기 송전탑이 세워졌습니다. 이를 저지하기 위한 과정에서 다치거나 쓰러진 주민들의 응급 후송이 171건 있었고, 80여 명의 주민과 연대자들이 사법처리를 받는 지경에 이르렀습니다.

송전탑 부지를 점거하고 움막을 지어 1년 넘게 숙박 농성을 이어 오던 네 곳(부북면 평밭마을과 위양마을, 상동면 고답마을, 단장면 용회마을) 현장에도 2014년 6월 11일 행정대집행이 단행되었습니다. 경찰 병력 2,000여 명과 공무원 200여 명은 강압적으로 움막을 철거하고 농성 중인 주민들과 연대자들을 해산시켰습니다. 이로써 밀양 송전탑 반대 투쟁은 일단락된 듯 보였습니다.

그러나, 밀양 주민들은 새로운 방향으로 투쟁을 이어 가고 있습니다. 곧장 8개 마을에서 컨테이너 등을 이어 붙여 사랑방을 새로 짓고, 그곳을 거점으로 다시 뭉치기 시작했습니다. 종교인과 학생, 일반 시민들도 사랑방을 방문하며 주민들과의 연대를 이어 가고 있습니다. 주민들이 결성한 협동조합에서 도시에 거주하는 연대자들에게 농산물을 판매하고, 물물교환 장터를 열고 있습니다. 전국 각지의 탈핵 연대 투쟁에도 힘을 보태고 있습니다. 더불어 그동안 경찰 등 공권력과 한전에 의해 자행된 여러 폭력을 증언하고 법적 조치를 요구하는 싸움 등을 줄기차게 이어 가고 있습니다.

교육공동체 벗

교육공동체 벗은 협동조합을 모델로 하는 작은 지식공동체입니다.
협동조합은 공통의 목적을 가진 사람들이 모여서 만든
권력과 자본으로부터 독립된 경제조직입니다.
교육공동체 벗의 모든 사업은 조합원들이 내는 출자금과 조합비로 운영됩니다.
수익을 목적으로 하지 않기에 이윤을 좇기보다
조합원들의 삶과 성장에 필요한 일들과
교육운동에 보탬이 될 수 있는 사업들을 먼저 생각합니다.
정론직필의 교육전문지, 시류에 휩쓸리지 않는 정직한 책들,
함께 배우고 나누며 성장하는 배움 공간 등
우리 교육 현실에 필요한 것들을 우리 힘으로 만들고 함께 나누고 있습니다.

조합원 참여 안내

출자금(1구좌 일반 : 2만 원, 터잡기 : 50만 원)을 낸 후 조합비(월 1만 5천 원 이상)를 약정해
주시면 됩니다. 조합원으로 참여하시면 교육공동체 벗에서 내는 격월간 교육전문지《오늘의
교육》과 매월 온라인으로 조합 소식을 받아 보실 수 있습니다. 출자금은 종잣돈으로 가입할
때 한 번만 내시면 됩니다. 조합을 탈퇴하거나 조합 해산 시 정관에 따라 반환합니다. 터잡기
조합원은 벗의 터전을 함께 다지는 데 의미와 보람을 두며 권리와 의무에서 일반 조합원과 차
이는 없습니다. 아래 홈페이지나 카페에서 조합 가입 신청서를 내려받아 작성하신 후 메일이
나 팩스로 보내 주세요.

홈페이지 communebut.com
카페 cafe.daum.net/communebut
이메일 communebut@hanmail.net
전화 02-332-0712
팩스 0505-115-0712

교육공동체 벗을 만드는 사람들

※하파타 순

후쿠시마 미노리, 황지영, 황정일, 황정인, 황정원, 황이경, 황윤호성, 황순임, 황봉회, 황기철, 황규선, 황고운, 홍정인, 홍유지, 홍용덕, 홍순성, 홍세화, 홍성구, 홍석근, 현복실, 현미열, 허효인, 허창수, 허윤영, 허성균, 허보영, 허기영, 허광영, 함점순, 함영기, 한학범, 한채민, 한지혜, 한은옥, 한영옥, 한영선, 한소영, 한성찬, 한봉순, 한민혁, 한만중, 한낱, 한길수, 한경희, 하정호, 하인호, 하승우, 하승수, 하순배, 하광봉, 탁동철, 최회성, 최현숙, 최현미, 최진규, 최주연, 최정윤, 최정아, 최은희, 최은정, 최은영, 최은숙, 최은경, 최윤미, 최원혜, 최영식, 최영미, 최연희, 최연정, 최애영, 최승훈, 최승복, 최슬빈, 최선영, 최선경, 최봉선, 최보람, 최병우, 최미영, 최미선, 최류미, 최대현, 최기호, 최광용, 최경미, 최경련, 최강토, 채효정, 채종민, 채윤, 채옥엽, 채민정, 차종숙, 차용훈, 진현, 진주형, 진웅용, 진영준, 진냥, 지정순, 지수연, 주윤아, 주순영, 주수원, 조희정, 조형식, 조현민, 조향미, 조해수, 조진회, 조지연, 조준혁, 조주원, 조정희, 조용현, 조윤성, 조원희, 조원배, 조용진, 조영현, 조영옥, 조영실, 조영선, 조여은, 조여경, 조수진, 조성희, 조성실, 조성배, 조성대a, 조성대b, 조석현, 조석영, 조문경, 조남규, 조경애, 조경아, 조경삼, 조경미, 제남모, 정희영, 정희선, 정홍윤, 정혜령, 정현진, 정현주, 정현숙, 정혜레나, 정태회, 정춘수, 정철성, 정진영a, 정진영b, 정진규, 정종헌, 정종민, 정재학, 정이든, 정은희, 정은주, 정은균, 정유진, 정유숙, 정유섭, 정원탁, 정원석, 정용주, 정예슬, 정영현, 정영수, 정애순, 정수연, 정선영, 정보라, 정민형, 정미숙a, 정미숙b, 정명옥, 정명영, 정득년, 정대수, 정남주, 정광호, 정광필, 정광일, 정관모, 정경원, 전혜원a, 전혜원b, 전정희, 전정훈, 전유미, 전세란, 전병기, 전민기, 전미영, 전명훈, 전난희, 장홍월, 장현주, 장인하, 장은하, 장은미, 장윤영, 장원영, 장시준, 장상욱, 장병훈, 장병학, 장근영, 장군, 장경훈, 임혜정, 임향신, 임한철, 임지영, 임중혁, 임종길, 임정은, 임전수, 임은우, 임수진, 임성빈, 임성무, 임선영, 임상진, 임동헌, 임덕연, 이희옥, 이희연, 이효진, 이화현, 이호진, 이혜정, 이혜린, 이현, 이혁규, 이향숙, 이한진, 이태영a, 이태영b, 이태구, 이충근, 이초록, 이진혜, 이진주, 이진숙, 이지혜a, 이지혜b, 이지현, 이지향, 이지영, 이지연, 이중석, 이주희, 이주탁, 이주영, 이종찬, 이종은, 이정희a, 이정희b, 이재형, 이재익, 이재영, 이재두, 이인사, 이은희a, 이은희b, 이은향, 이은진, 이은주a, 이은주b, 이은영, 이은숙, 이윤정, 이윤엽, 이윤승, 이윤선, 이윤미, 이윤경, 이유진a, 이유진b, 이월녀, 이원님, 이용환, 이용석a, 이용석b, 이용기, 이영화, 이영혜, 이영주, 이영아, 이영상, 이연진, 이연주, 이연숙, 이연수, 이승헌, 이승태, 이승연, 이승아, 이슬기a, 이슬기b, 이순임, 이수정a, 이수정b, 이수연, 이수미, 이수경, 이소형, 이성희, 이성호, 이성원, 이성숙, 이성수, 이설희, 이선표, 이선영a, 이선영b, 이선애a, 이선애b, 이선미, 이상훈, 이상화, 이상직, 이상원, 이상우, 이상미, 이상대, 이병준, 이병곤, 이범회, 이민아, 이민경, 이미옥, 이미숙, 이미라, 이문영, 이명훈, 이명형, 이매남, 이동철, 이동준, 이덕주, 이노민, 이남숙, 이난영, 이나경, 이기규, 이근회, 이근철, 이근영, 이광연, 이계삼, 이경화, 이경은, 이경욱, 이경언, 이경림, 이건진, 윤흥은, 윤지형, 윤종원, 윤우람, 윤영훈, 윤영백, 윤상혁, 윤병일, 윤규식, 유효성, 유재을, 유은아, 유영길, 유수연, 유병준, 위지영, 위양자, 원지영, 원윤회, 원성제, 우창숙, 우지영, 우완, 우승인, 우수경, 오혜원, 오중근, 오제혁, 오정오, 오재홍, 오은정, 오은경, 오유진, 오수민, 오세희, 오민식, 오명환, 오동석, 염정신, 여회영, 여태전, 엄창호, 엄지선, 엄재홍, 엄기호, 엄기옥, 양희전, 양해준, 양지선, 양은주, 양은숙, 양영희, 양애정, 양선화, 양선형, 양서영, 양상진, 안효빈, 안찬원, 안지현, 안지유, 안지영, 안준철, 안정선, 안용덕, 안옥수, 안영신, 안영빈, 안순억, 심항일, 심은보, 심승희, 심수환, 심동우, 심경일, 신혜선, 신혜경, 신충일, 신창호, 신장복, 신중휘, 신중식, 신정환, 신은정, 신은경, 신유준, 신소희, 신미옥, 신관식, 송호영, 송혜란, 송현주, 송한별, 송정은, 송인혜, 송용석, 송승훈, 송명숙, 송근희, 손호만, 손현아, 손진근, 손은경, 손성연, 손민정, 손미승, 소수영, 성현주, 성현석, 성유진, 성용혜, 성열관, 성상엽, 설은주, 설원민, 선휘성, 선미라, 석옥자, 석경순, 서혜진, 서지연, 서정오, 서인선, 서이슬, 서은지, 서우철, 서예원, 서명숙, 서금자, 서강선, 상형규, 변현숙, 백현희, 백영호, 백승범, 배회철, 배주영, 배정현, 배정원, 배이상헌, 배영진, 배아영, 배경내, 방득일, 방경내, 반영진, 박회진, 박희영, 박효정, 박효수, 박환조, 박혜숙, 박형진, 박형일, 박현희, 박현주, 박현숙, 박현석, 박춘애, 박춘배, 박철호, 박진환, 박진수, 박진교, 박지희, 박지홍, 박지혜, 박지인, 박지원, 박정화, 박정아, 박정미a, 박정미b, 박은하, 박은정, 박은아, 박은경a, 박은경b, 박유나, 박옥주, 박옥균, 박영실, 박신자, 박숙현, 박수진, 박세영a, 박세영b, 박성규, 박선영, 박복선, 박미희, 박명진, 박명숙, 박동혁, 박도정, 박도영, 박덕수, 박대성, 박노해, 박내현, 박나실, 박고형준, 박경화, 박경진, 박경주, 박경이, 박건형, 박건진, 민은식, 민애경, 민병성, 문정용, 문용석, 문영주, 문순옥, 문수현, 문수영, 문수경, 문성철, 문경희, 모은정, 마승희, 류형우, 류창모, 류정희, 류재향, 류우종, 류영애, 류명숙, 류경원, 도정철, 도방주, 데와 타카유키, 노영현, 노상경, 노미경, 노경미, 남효숙, 남정민, 남윤희, 남유경, 남원호, 남예린, 남미자, 남동현, 남궁역, 날맹, 나규환, 김희정, 김희옥, 김흥규, 김훈태, 김효숭, 김환회, 김홍규, 김혜영, 김혜순, 김혜림, 김형렬, 김현진a, 김현진b, 김현주a, 김현주b, 김현영, 김현실, 김현경, 김헌택, 김하종, 김필임, 김태훈, 김춘성, 김천영, 김찬영, 김진희, 김진숙, 김진명, 김진, 김지훈, 김지연a, 김지연b, 김지미a, 김지미b, 김지광, 김중미, 김준연, 김주영, 김종현, 김종진, 김종원, 김종옥, 김종성, 김정희, 김정주, 김정식, 김정삼, 김재황, 김재민, 김인순, 김이은, 김이민경, 김은파, 김은영, 김은아, 김은식, 김은숙, 김윤주, 김윤우, 김원석, 김우영, 김우, 김용훈, 김용양, 김용만, 김용란, 김요한, 김영희, 김영진a, 김영진b, 김영진c, 김영주a, 김영주b, 김영아, 김영순, 김영삼, 김연정a, 김연정b, 김연일, 김연오, 김연미, 김애숙, 김애령, 김아현, 김순천, 김수현, 김수진a, 김수진b, 김수정a, 김수정b, 김수경, 김소회, 김소영, 김세호, 김성탁, 김성진, 김성숙, 김성보, 김선회, 김선철, 김선우, 김선미, 김선구, 김석준, 김석규, 김상희, 김상정, 김상일, 김상숙, 김빛나, 김봉석, 김보현, 김병희, 김병훈, 김병기, 김민회, 김민선, 김민곤, 김민결, 김미향a, 김미향b, 김미진, 김미숙, 김미선, 김문옥, 김무영, 김묘선, 김명회, 김명섭, 김동현, 김동춘, 김동일, 김동원, 김도석, 김다희, 김다영, 김남철, 김나혜, 김기웅, 김기언, 김규태, 김광민, 김고종호, 김경호, 김경일, 김경엽, 김경미, 김갑용, 김가연, 기세라, 금현진, 금현옥, 금명순, 권희중, 권혜영, 권태윤, 권자영, 국찬석, 구희숙, 구자혜, 구자숙, 구완회, 구수연, 구본회, 구미숙, 꽹이눈, 광훔, 곽혜영, 곽현주, 곽진경, 곽노현, 곽노근, 공현, 공영아, 고춘식, 고진선, 고은미, 고윤정, 고유준, 고영주, 고영실, 고병헌, 고병연, 고민경, 강화정, 강현주, 강현정, 강현이, 강한아, 강태식, 강준회, 강인성, 강이진, 강은영, 강윤진, 강영일, 강영구, 강순원, 강수미, 강수돌, 강성규, 강석도, 강서형, 강병용, 강경모

※ 2021년 6월 11일 기준 813명

* 이 책의 본문은 재생 용지를 사용해서 만들었습니다.
* 자원 재활용을 위해 표지 코팅을 하지 않았습니다.